시로 쓴 일대기
매헌 윤봉길
Maeheon Yoon Bong Gil

2

시로 쓴 일대기
매헌 윤봉길 2
Maeheon Yoon Bong Gil

인쇄일 | 2023년 10월 05일
발행일 | 2023년 10월 10일

지은이 | 신익선
펴낸이 | 설미선
펴낸곳 | 뉴매헌출판
출판등록 | 2018년 3월 30일
주소 | 충남 예산군 예산읍 교남길 33
E-mail | new-maeheon@hanmail.net

값 15,000원
ISBN 979-11-984692-0-5(04810) 2권
      979-11-979244-8-4(04810) 세트

* 저자와의 협의에 의해 인지를 생략합니다.
* 잘못된 책은 바꿔드립니다.

시로 쓴 일대기
매헌 윤봉길
Maeheon Yoon Bong Gil

2

신익선

| 서문 |

현재 무수한 사람들이 찾아오는 매헌의 생가지인 도중도와 성장지인 저한당은 '60년대 초반만 해도 작은 초가집 한 채가 전부였다. 그 외는 없었다. 나는 덕산초교 시절부터 낮이면 한낮에 뜬 별 밭인 자운영이 수놓은 도 중도를 오가면서 꼬맹이 친구들과 함께 매헌을 이야기했었다. 매헌 생가 방 문은 소꿉장난만큼이나 친숙한 일상이었다. 아무 격의 없이 친밀한 느낌이 었다.

그 뒤로 내가 장성하여서는 시량리 사는 매헌의 막내 계씨와 과음하기 일 쑤였다. 대취하여 함께 동행하여 들어간 대치천 옆 개울가 사슴농장 사랑 방에는 당 헌종의 귀비였던 양귀비의 액자가 걸려 있었다. 얼마나 아름다웠 는지 황홀감에 빠져 실물인지 그림인지 구분키 어려웠다. 현재 나의 작은 집필실이 있는 둔리 가루실 고을 역시 도중도와 맞닿아 있어 심리적으로 친 밀하다.

영웅은 존재하는가. 시대를 초월하여 영웅이 존재하는가를 살필 때 여기 에 해당하는 인물이 바로 매헌이다. 매헌의 상해 의거 영향력을 말하고자 함이 아니다. 상해 의거는 매헌 일대기의 주요 방점이지만 의거 이후, 순국 에 이르기까지 매헌 행적은 만고영웅의 면모가 완연하다.

이 시집에 실린 시편들은 상해 의거부터, 일본에서 죽음에 이르기까지의 시편들이다. 말미에 사후에 이루어진 몇 가지 일도 썼다. 쓰면서 눈물을 흘렸다. 망국민이 아니었다면 매헌은 특유의 부지런함과 열정으로 오래 살고 행복한 삶을 살았을 것이다. 상해 의거가 없었다면 가족들도 성실하고 부 지런한 가장의 보살핌으로 모두가 안락하고 행복한 여생을 살았을 것이다. 그러나 새파란 청년, 매헌은 죽음이 예정된 의거를 감행했다. 범인이 아닌 삶을 산 것이다.

　이 글은 비교적 사료를 중심축으로 삼았다. 가능한 한 팩트를 원용하면 서 매헌을 대신하는 신비의 음성을 들으며 상상의 견련성에 의거, 창작에 임했다. 허나, 부족함이야 이루 다 말할 수 없다. 부디 이 졸저가 예산에서 태어난 영웅, 매헌을 널리 알리고 오래 기리길 희망한다.

2023. 10.

산정 신익선 識

| Preface |

Thousands of people visit Maeheon's birthplace of Dojoongo and his childhood home of Jeohan Dang today. By the early 1960s, however, there was only one small thatched house left. Nothing else was available. When I was in Deoksan Elementary School, my friends and I used to walk through Dojoongdo, which was embroidered with milk vetch flowers and looked like a star field at mid-day. We talked about Maeheon and visited his birthplace. It felt as natural to us as playing house. To us, the place was casual and cozy.

When I grew up, I often drank excessively with Maeheon's younger brother, Gye, who lived in Siryang-ri. In the guest room of a deer farm near Daechicheon Stream, where we entered very drunk, there was a frame of Yang Kuei-fei, a concubine of Emperor Xuanzong of the Tang. What a beautiful woman she was! I couldn't tell if it was a real person or a picture of someone in ecstasy. My small writing room is currently located in Dunri Garusil Village, close to Dojoongdo, which gives me a welcoming vibe.

Do heroes really exist? When examining whether heroes of all time exist, Maeheon is the one who corresponds to this. It does not refer to the impact of Maeheon's patriotic act in Shanghai, China. Of course, the Shanghai heroic deed is the focal point in Maeheon's life, but his life, from his bomb throw to his sacrifice, is characterized as heroic.

The poems in Volume 2 are about Yoon Bong-gil's life from his heroic act in Shanghai to his death in Japan. Several anecdotes made after his death were also addressed at the end of the poetry. I burst into tears while writing. If he had not been a ruined people, Maeheon would have lived a long and happy life thanks to his great diligence and passion. Without the Shanghai incident, his family would have lived a comfortable and happy life under the supervision of a sincere and diligent head of household. However, Maeheon, a promising young man, carried out heroic act from which he will die. He had a unique life.

This poetry book was generally written based on historical data. I cited facts as much as possible, listened to the mysterious voice that could understand Maeheon, and wrote poems based on nature connection in imagination. Nevertheless, I feel the indescribable lack. I hope Maeheon, a hero of Yesan, will be widely known and admired through this book.

2023. 10.
Sanjeong Shin Ik-seon

| 차례 |

제1장 족두리

018 _ 인두화　　　　　　　　　Korean Pyrography _ 020
022 _ 윤 의사 자서약력　　　　　Patriot Yoon's Profile _ 023
024 _ 마지막 조찬朝餐　　　　　 The Last Breakfast _ 025
026 _ 이봉창의 눈빛　　　　　　Lee Bong-chang's Eyes _ 027
028 _ 예산 독수리　　　　　　　Yesan Eagle _ 030
032 _ 송호전쟁　　　　　　　　The First Shanghai Incident _ 033
034 _ 천장절　　　　　　　　　Hirohito's Birthday Celebration _ 035
036 _ 상해 택시　　　　　　　　Shanghai Taxi _ 037
038 _ 시라카와 요시노리의 열병식　Yoshinori Shirakawa's Military … _ 039
040 _ 발화　　　　　　　　　　Spark _ 041
042 _ 폭탄의 낙하지점　　　　　Bomb Dropping Area _ 043
044 _ 호뜨기, 그리고 귀에 …　　A Reed Pipe and a Familiar … _ 045
046 _ 수통 폭탄　　　　　　　　A Water Bottle Bomb _ 047
048 _ 상해 회오리바람　　　　　Shanghai Whirlwind _ 049
050 _ 몰매를 때리다　　　　　　Give a Group Attack _ 051
052 _ 피투성이　　　　　　　　Bloodiness _ 053
054 _ 홍구공원 의거　　　　　　A Patriotic Deed in Hongkou Park _ 056
058 _ 욱일기　　　　　　　　　Rising Sun Flag _ 059
060 _ 세계 언론의 머릿기사　　　Headline News from Around … _ 061
062 _ 대한의 혼　　　　　　　　Korean Soul _ 063
064 _ 임시정부, 부활하다　　　　The Provisional Government Is … _ 065
066 _ 해외교포들 감격하다　　　Overseas Koreans Are Deeply … _ 067
068 _ 족두리　　　　　　　　　Jokduri Bridal Headpiece _ 069

제2장 예언, 그 푸른 별의 잎맥

072 _ 홍구공원 의거현장의 실상	The Reality of Hongkou Park … _ 073
074 _ 출입문 봉쇄	Gateway Blockade _ 075
076 _ 매헌의 미소	Maeheon's Smile _ 077
078 _ 내 폭탄은	My Bomb Was _ 079
080 _ 예포에 대하여 묻다	Inquire About a Cannon Salute _ 081
082 _ 팔베개	Arm Pillow _ 083
084 _ 매헌, 태연하다	Maeheon is Composed _ 086
088 _ 서장소년西裝少年	A Boy in a Suit _ 089
090 _ 염殮	Yeom _ 091
092 _ 연기가 날아들었다	Smoke Flew in _ 093
094 _ 상해 헌병대의 고문	Torture by the Shanghai … _ 095
096 _ 빛, 어둠에 갇히다	Light Was Trapped by Darkness _ 097
098 _ 매헌 의거 당일의 도산 표정	Dosan's Expression on the Day … _ 099
100 _ 부서진 미래	Broken Future _ 102
104 _ 피치 목사	Missionary Fitch _ 106
108 _ 주푸청	Jupucheng _ 109
110 _ 광둥廣東 사람 장씨	Mr. Jang from Canton _ 111
112 _ 처녀 뱃사공	A Single Boatwoman _ 113
114 _ 목바리 무궁화	Mokbari Mugunghwa _ 115
116 _ 쌀독의 쥐새끼	A Rat in a Rice Container _ 117
118 _ 죽竹	Bamboo _ 119
120 _ 매헌의 손가락	Maeheon's Finger _ 121
122 _ 재채기	Sneeze _ 124
126 _ 매헌 쇠스랑	Maeheon's Pitchfork _ 127
128 _ 예언, 그 푸른 별의 잎맥	Prediction, the Blue Star's Nervure _ 129

제3장 팔베개의 잠

132 _ 새벽의 횃대   The Perch of Dawn _ 134
136 _ 광대모랭이의 어금니   Clown Moraengi's Molar _ 137
138 _ 시량리 안뜸의 송화松花   Pine Flowers in Siryang-ri … _ 139
140 _ 포란抱卵   Incubation _ 141
142 _ 열네 명의 아이들   Fourteen Children _ 143
144 _ 상해 임시 계엄령 선포   Proclamation of Provisional … _ 145
146 _ 몸으로 던진 의거   Heroic Deed by Throwing the … _ 147
148 _ 독립평론   Independence Review _ 150
152 _ 입속의 칼   A Knife in the Mouth _ 153
154 _ 유골의 증언   Testimony of the Remains _ 155
156 _ 냉소冷笑   A Cold Smile _ 157
158 _ 팔베개의 잠   Sleep of Arm Pillow _ 159
160 _ 시량리 수탉   The Siryang-ri Rooster _ 161
162 _ 화월   Flowers and the Moon _ 163
164 _ 판결서   Judgment Statement _ 166
168 _ 달그림자의 순장殉葬   Moon Shadow Buried Alive … _ 169
170 _ 정화암鄭華巖   Jeong Hwa-am _ 171
172 _ 불필요한 답변   Unnecessary Answer _ 173
174 _ 성재省齋의 악수   Seongjae's Handshakes _ 175
176 _ 소해의 회고   Sohae's Retrospection _ 177
178 _ 배용순의 재봉틀   Bae Yong-soon's Sewing Machine _ 179
180 _ 옥중 청취서   The Statement in Prison _ 181
182 _ 임시정부를 옮기다   The Provisional Government Is … _ 183
184 _ 벽안碧眼의 은혜   The Favor of the Blue-eyed … _ 186

| 차례 |

제4장 가을밤의 적요

190 _ 결석　　　　　　　　　　Absence _ 191
192 _ 미리내　　　　　　　　　The Milky Way _ 193
194 _ 가을밤의 적요　　　　　　Solitary, Serene Autumn Nights _ 195
196 _ 우편 수송선　　　　　　　A Mail Boat _ 198
200 _ 고베항　　　　　　　　　Kobe Port _ 201
202 _ 결전을 앞두고　　　　　　Prior to a Decisive Battle _ 203
204 _ 꿈 마중　　　　　　　　　Meeting in a Dream _ 205
206 _ 부용화　　　　　　　　　Confederate Rose _ 207
208 _ 십이월의 시량리　　　　　Siryang-ri in December _ 209
210 _ 일본 가나자와 교외 …　　Maeheon at the Army Engineer … _ 211
212 _ 순절殉節의 씨앗　　　　　The Seeds of Patriotic Martyrs _ 214
216 _ 계단　　　　　　　　　　Stairs _ 217
218 _ 시량리의 탄식　　　　　　Sign of Siryang-ri _ 219
220 _ 짧은 공명共鳴　　　　　　Brief Resonance _ 221
222 _ 멍석 위 인사말　　　　　　Words on the Straw Mat _ 223
224 _ 백치의 백야白夜　　　　　Fool's White Night _ 225
226 _ 암장　　　　　　　　　　Secret Burial _ 228
230 _ 철권鐵拳　　　　　　　　Iron Fists 231
232 _ 윤봉길 의사의 피를 …　　We Survive on the Blood of … _ 234
236 _ 매헌의 유해 찾다　　　　　Find Maeheon's Remains _ 238
240 _ 시게하라　　　　　　　　Shigehara _ 241
242 _ 겨울 폭풍　　　　　　　　Winter Storm _ 243
244 _ 서른여덟 살　　　　　　　Thirty-eight Years Old _ 245
246 _ 매헌 기념관　　　　　　　Maeheon Memorial Hall 247
248 _ 정신의 씨앗　　　　　　　The Seed of the Spirits _ 250

11

| 서시 |

자유의 영혼, 매헌이여

나라가 결딴난 상황에서 시대는 암흑천지였다
임시정부는 미약하고 백성의 유리걸식은 일상이었다

햇빛이 빛을 거두어 삼천리 강토엔 어둠이 판쳤다

땀 흘리지 않고 명분만으로 먹고사는 해충들이
온갖 허구를 내세워 배때기 채우며 이마에 개기름 번지르르
백두에서 한라까지 극도의 수탈이 횡행하였다

하루에도 몇 번씩 혼줄 붙잡지 않으면 살 수 없는
배달겨레의 짙은 신음이 마을마다 차고 넘쳐
짓물러 터진 눈자위에 울음 달고 살던 때였다

돌연 목바리 청년이 제 심장을 꺼내어 불붙였다

죽을 것이다 나는 죽을 것이다 목바리 청년의 외침이 화약이었다

강의한 사랑 솟구쳐 올라 상해에서 대폭발,
일제는 물러가라, 삼천리 강토는 독립이다
대한의 깃발, 태극기 펄럭이라, 백의의 백성도 펄럭이라

나는 죽지만 내 혼은 독립만세다, 외치다 순교한
꿈의 주인, 평화의 사도, 도중도의 영원 꿈,

부활하라, 다시 살으시라, 매헌이여, 자유의 영혼이여

| Prologue |

Free Spirit, Maeheon

When the country fell apart, the world went into a tailspin.
The provisional government was weak and the people would wander aimlessly like beggars.

When the sun stopped shining, darkness prevailed in Joseon.

The pests who don't toil and live solely on pretexts
wrote a slew of novels to fill their stomachs with their oily brow.
Extreme exploitation reigned from Mt. Baekdu to Mt. Halla.

Korean people who couldn't function without holding their minds
several times a day. Deep groans could be heard in every village.
It was a time when there was no day to dry up tears on the sore eye rims.

A Mokbari young man took out his heart and lit it on fire.

The thunderous yell of the young man, "I will die, I will die," was a explosive.

Tenacious love soared and exploded in Shanghai.
Empire of Japan, "Return to your home, Joseon is independent."
Flutter, Taegeukgi, Korean flag! flutter together, People in white!

He died as a martyr, shouting "I die, but my soul hurrahs for independence."
Owner of Dreams, Apostle of Peace, Dojoongdo's Eternal Dream,

Resurrect and live again, Free Spirit, Maeheon.

제1장

족두리
Jokduri Bridal Headpiece

인두화

등허리에서부터 정수리,

다시 발끝에서 정수리 지저대는 불인두 시뻘건
열기다 찌릿한 불화로 핏줄기다

혈맥마다 황홀하여라
나는 찬란하지 않을 주검의 이력을 지워갈 것이다

어둠의 피 냄새 진동하는 치명의 주검

명줄 올린 제단에 돌진할 것이다
부숴야 할 벽을 허물 것이다 시량리 쇠스랑 발이
내 가슴 찍어 파낼 것이다

단잠에 빠지듯이, 독주에 취하듯이
등허리에서부터 정수리,
수시로 지져대며 불사를 것이다

다시 발끝에서부터 정수리를, 나를, 내 호흡을

하늘 신령은
오래전부터 고대하고 간절히 꿈꾸어온 불기둥을 내었다
꿈의 폭발을 그려갔다

생명, 그 이전의 인두화

Korean Pyrography

From the back waist to the head top,

and then from the toe to the head top, a burning iron sears. It is the heat and blood stream of a brazier.

Every blood vessel is enthralling.
I will erase the history of the non-shining dead body.

In the dark, a lethal body that reeks of blood.

I'm going to dash to the altar where a life is offered.
I will tear down the wall that needs to come down. The pitchfork in Siryang-ri will hack at my chest to dig it out.

As if falling asleep or being drunk on hard liquor,
I will frequently sear
from the back waist to the top of my head,

then from the toe to the top of my head, and then myself, my breath.

The god of heaven

built a pillar of fire that had long been hoped for and dreamed of. He sketched out an explosive dream.

It is life and pyrography before life.

윤 의사 자서약력

(상략) 23세, 날이 가고 해가 갈수록 우리 압박과 우리의 고통은 증가할 따름이다 나는 여기에 한 가지 각오가 있었다. 솔직히 말하자면 뻣뻣이 말 라 가는 삼천리강산을 바라보고만 있을 수가 없었다. 수화水火에 빠진 사람 을 보고 그대로 태연히 앉아 볼 수는 없었다. 여기에 각오는 별것이 아니다. 나의 철권鐵拳으로 적敵을 즉각으로 부수려 한 것이다. 이 철권은 관棺 속에 들어가면 무소용無所用이다. 늙어지면 무용이다. 내 귀에 쟁쟁한 것은 상해 임시정부였다. 다언불요多言不要, 이 각오로 상해를 목적하고 사랑스러운 부 모형제와 애처애자와 따뜻한 고향산천을 버리고, 쓰라린 가슴을 부여잡고 압록강을 건넜다. (하략)

독약 마시듯 삽교역으로 달려와
압록강 건너며 수십 번을 뒤돌아보곤 하였다
고향 시량리 산천초목, 부모형제와 처자도
수십 번 쳐다보곤 달려왔다
그 모든 풍경과 실상들이 모두 최후 아닌가, 살아서는
두 번 다시 만나거나 눈으로 보지 못할
시방 내가 써가는 자서약력도
살아선 읽지 못할 내 무량의 토혈吐血

* 자서약력은 홍구공원 의거 이틀 전인 1932년 4월 27일 오후 6시, 윤 의사가 홍구공원 을 답사한 뒤에 "남기고 싶은 글이 있으면 전해 달라"는 김구 선생의 요청을 받고 즉석에서 연필로 수 점에 쓴 글이다.
매헌의 국내 활동과 상하이로 오게 된 과정, 유언시 등 11쪽 분량의 글을 두 시간 만에 적어낸 것이라 흘려 쓴 필체와 곳곳을 고친 흔적이 뚜렷하게 남아 있다. 자서약력 중 출사표에 해당한다. 원본은 보물 제568호로 지정되어 규장각에 보관 중이다.

Patriot Yoon's Profile

I dashed to Sapgyo Station like drinking poison
and looked back dozens of times as I crossed the Amnokgang River.

After watching all of nature in my hometown Siryang-ri, my parents, siblings, my wife, and children over and over, I came running.

Was it the last time to see all the scenery and my family? In my life,

I will never meet or see them again.

The profile that I'm writing now

is also my limitless hemoptysis, which I won't read alive.

마지막 조찬 朝餐
- 매헌의 독백

온화하지만 비장감이 감도는
아침식사 시부터다

품에 껴안은 폭탄 훈기가
대한민국의 무궁화 꽃과 나란히
수저 들어
한 하늘, 한 대지, 한 꿈을 바라보았다

여기다, 이곳이다,
혼을 먹여 가슴에
마지막 조찬이 폭탄을 품었다

두 어 그릇 아침밥 먹고
간다, 나, 봉길은 영원을 간다

* 무궁화꽃 : 김구를 지칭한다. 이 당시 김구는 1926년 12월 10일 상해임시정부 국무령(주석)에 취임하였으나, 1927년 4월 헌법을 개정하여 집단지도체제로 임정의 조직을 바꾸고 주석직을 이동녕에게 넘겨주었을 시점이다. 김구가 만든 이때 헌법은 1940년 10월 9일까지 13년 반을 이어졌다.

The Last Breakfast
- Maeheon's Monologue

It was at breakfast
that it was gentle but resolute.

The warmth of the bomb in his arms
along with the Mugunghwa, Korea flower,
picked a spoon.
They gazed at a single sky, a single earth, and a single dream.

Here. It's here.
At the last breakfast, with soul,
he held a bomb in his breast.

After having two bowls of breakfast,
I, Bong-gil, go to eternity.

이봉창의 눈빛

택시를 타고 가는 차 안,
홍구공원 다다르자

환영인가, 분명히
일본 영감이 찾아왔다

반가워 두 손 내미는 순간,
씽긋 웃으며 사라졌다

성사의 확신을 심어준

감옥 갇힌 이봉창
웃음 띤 이봉창의 눈빛

* 일본 영감 : 이봉창(1900~1932.10.10.) 의사 별명이다. 1932년 4월 29일 무렵의 이봉창은 1932년 1월 도쿄 요요키 연병장에서 일본육군을 사열하는 관병식을 마치고 돌아오는 히로히토 천황에게 수류탄을 던졌으나, 천황의 마차는 육군 대신이 타고 있어 (천황은 다른 마차에 타고 있었음) 천황을 죽이지 못하고 붙잡혀 1932년 9월 30일 사형선고, 이봉창 의사 나이 31세인 10월 10일 교수형 집행을 당하였다.

Lee Bong-chang's Eyes

In the taxi
to Hongkou Park.

Was it a ghost? It was
unmistakably a Japanese elderly man.

As I reached out my hands in joy,
he vanished with a smile.

I was certain of my success.

Lee Bong-chang, who was imprisoned.
His smiling eyes.

예산 독수리

　임신년* 정월 스무 여드레 날(1932.1.28.), 상해 일본조계를 경비하던 일단의 일본군 해군육전대 병력 1천명이 갑자기 총탄을 쏘며 병력 3만3천 명 규모의 중국 국민당군을 공격, 평온한 항구도시 상해는 순식간에 전쟁터*로 돌변하다 국민당군이 적극 방어에 임하자 일본은 즉각 증강병력에다 30척의 군함과 45대의 항공기, 3개 사단 병력을 파견, 총 3만 명의 병력으로 무차별 상해를 폭격, 당년 3월 2일 중국과의 전쟁에서 승리하고 상해를 탈취한다. 그리하여 전쟁승리에 도취한 일본군사령부는 일본천황의 생일인 천장절과 승전기념식을 1932. 4. 29. 홍구공원에서 거행하기로 한 바로 그 장소에서였다.

천장절과 상해전승축하기념식 식장,
바로 그 자리에서 독수리가
일거에 예산 독수리 한 마리가 비상하여 태양을 가릴 것이다

욱일승천기는 부러져 고꾸라질 것이다
그날 세계는 오직 이 하나의 이야기만을 회자할 것이다

세계는 오직 이 이야기 하나로 흥분할 것이다

예산 독수리는 상상만으로 불탔다
매헌 윤봉길은 스스로 불붙였다 스스로 타올랐다

시뻘겋게 전신이 확확 달아올랐다

* 임신년 : 1932년, 곧 매헌의 의거가 있던 해 정월이다.
* 전쟁터 : 이 전쟁을 송호전쟁松滬戰爭, 혹은 상해사변上海事變이라 한다.

Yesan Eagle

At a celebration of Hirohito's birthday and the victory of Shanghai Incident,
  right there, an eagle,
  a Yesan eagle will fly to cover the sun at a blow.

The Rising Sun Flag will be shattered and fall.
On that day, the story will be on everyone's lips.

Only this story will thrill the world.

Yesan Eagle burned hot just thinking about it.
Maeheon Yoon Bong-gil set himself on fire.

His entire body was ablaze with red.

송호전쟁

시라카와가 일본에서 상해로 갔다

제국주의 육군대신 옷을 벗고
육군대장 계급장을 단
요시노리 시라카와의 양 손아귀에
풍전등화의 상해가 쥐어졌다

중국의 채정해 장군 휘하의
19로군 3만 명의 항전은
장개석의 무저항주의에 전쟁에서 졌다

재빨리 일본은 정전협상을 했다

매헌 의거는 그 즈음의 일이었다

---

* 송호전쟁淞滬戰爭 : 일명 1차 상해사변이다. 일본군이 상해를 점령한 전쟁이다. 송호는 오송구吳淞口와 상해의 별칭인 호빈滬濱을 아울러 지칭하는 말이다. 일본은 시라카와 육군대장을 사 령관으로 노무라 기치사부로 해군제독 휘하의 항공모함 2척과 구축함 4척을 상해로 규모, 일본군 3만 명은 중국 19로군 채정해 장군의 3만 명을 초토화시킨 뒤 상해를 점령한다. 무저항주의를 펼친 장개석은 스위스 국제연맹에 제소하였을 뿐, 일본군과 맞서지 않았다(이때 모택동의 공산당은 적극항쟁을 펼쳐 장개석과는 대조를 이루고 이때에 결국 중국은 공산당 세력이 장악하는 빌미를 제공한다). 매헌 의거 시에 정전 협상이 진행되고 있었고, 정전협정은 당해년 5월 5일 체결되었다.

The First Shanghai Incident

Shirakawa went to Shanghai from Japan.

Shirakawa who was dispatched as commander of the Shanghai Expeditionary Army,
not Army Minister.
In the hands of Yoshinori Shirakawa,
Shanghai was extremely precarious.

30,000 soldiers of 19th Route Army,
led by Chinese general Cai Tingkai, were lost in the battle
due to Chiang Kai-shek's nonviolent resistance.

Japan quickly agreed to a ceasefire.

Maeheon's patriotic deed took place around this time.

천장절

천황의 생일 경축 행사,
일장기를 게양하는
국경일,
상해 일본인 조계에 펄럭이다

러일전쟁, 중일전쟁을 이긴 일장기 걸린 경축 행사장을
일거에
부수어버린 매헌,

혼잣말의 탄성
(천황 히로히토가 참석하였더라면 아아 그가 참석하였더라면…)

Hirohito's Birthday Celebration

Celebration of the Japanese Emperor's birthday.
A national holiday
on which Japanese flags were flown.
The flags flap in Japanese foreign concession.

Maeheon ruins the event of Japan
that won both the Russo-Japanese War and the Sino-Japanese War
at a single blow.

He sighs to himself.
(If Emperor Hirohito had come, Oh, he should have attended.)

상해 택시

김구와 헤어져 택시 타고 도착,
홍구공원에 내리는 사월 봄비 타고

죽음, 그 황홀한 나라를 향하여
뚜벅뚜벅 걸어간 예산의 전율

목바리 오죽이 몸을 떠는 이른 아침의 숲길인가

생전에 만나는 묘지는
천장절 및 상해전승기념식장,

피 내음이 도착한 시각은
흉중에 미소 머금은 오전 7시 50분

Shanghai Taxi

After saying goodby to Kim Gu, he took a taxi
to Hongkou Park, where the April spring rain was falling.

Yesan's thrill plodded
toward the end, enchanting country.

Was it a forest path early in the morning when Mokbari black bamboos shuddered?

A burial ground he came across during his life was
a celebration of Hirohito's birthday and the victory over Shanghai Incident.

The blood smell arrived
at 7:50 a.m. with a smile in his heart.

시라카와 요시노리의 열병식

1시간 30여분 진행된 천장절에 연이어
일본 육군대장 시라카와는 백말을 탄
열병식 총지휘는 우에다가 중장 등이다

열병 종료한 뒤 상해관민결연회 주최,
백천 대장을 비롯한 주요 인사들이
사령대에 다시 도열하면서 행사가 시작되다

손목에 찬 백범의 시계는 오전 11시 45분,
군인 일만 명 포함 사만 명이 부르는 기미가요,
마지막 소절과 더불어 폭탄 터졌다

매헌 의기가 묘판을 길러 대한의 역사가 되는 장엄한 순간이다

덕산 살가지 매헌이 일본군부의 자랑,
백천의 열병도 이날 이후로 종료시켜

중상을 견디지 못하고 백천, 운명하다

Yoshinori Shirakawa's Military Review

Following an hour and a half of celebrations for Hirohito's birthday,

Lieutenant General Ueda leads a military parade in which Japanese Army General Shirakawa rides a white horse.

After the parade, the Shanghai Government and Private Association hosts an event
 at which Japanese dignitaries, including Shirakawa,
 line up again at the reviewing stand.

The time on Baekbeom's wristwatch is 11:45 a,m.
Kimigayo is sung by 40,000 people, including 10,000 soldiers.
At the final measure, a bomb detonates.

It's a magnificent moment when Maeheon's spirit raises the nursery bed into Korean history.

After this day, Maeheon, Deoksan wildcat, puts an end to Shirakawa's military reviews, the Japanese Army's pride.

Shirakawa succumbs to his serious injuries.

발화

알 품고 있는 독사 우글거리는
독사 천지 독사 소굴,
샛노랗게 피어나는 봄꽃인가
어미 닭도 없는 병아리 한 마리,

목계를 흘러흘러 낯선 땅 상해에

보송보송한 솜털이 갑자기 힘껏 폭탄을 높이 쳐들어

널뛰듯 자리를 박차고 뛰어 올라
온몸으로 불길을 내던진다

홍구공원에 솟구친 것은
의기가 그은 정신의 발화였다

Spark

This is the viper's den, which is full of vipers
with eggs.
Is that a spring flower with vivid yellow blooms?
The lone chick

makes its way through Mokgae into Shanghai.

The fluffy hair suddenly lifts a bomb

and leaps to the dais,
hurling flames with all his might.

The spirit's fire, sparked by the heroic deed
soared in Hongkou Park.

폭탄의 낙하지점

흡사 개벽인 양 물통이
상해 하늘을 날아올랐다

백천 대장과 야촌 중장 사이 떨어져
이들은 황급히 뒷걸음치며
도망갔으나 개뿔,
폭탄이 폭발하였다

백천은 죽었다
야촌은 오른쪽 허벅지를 잘랐다
거류민단장도 죽었다

일본국은 조기를 게양,
조의를 표하며 침울했다

Bomb Dropping Area

A water bottle flew into the Shanghai sky,
as if the world had turned upside down.

The bottle landed near Shirakawa riding a white horse and
Lieutenant General Ueda. They took a quick step back
and fled. Bullshit.
The bomb exploded.

The man on the horse was dead.
Lieutenant General Ueda had his right thigh amputated.
The leader of Japanese Residents Association was also dead.

In the gloomy mood. Japan raised its flag at half-mast
and expressed condolences

호뜨기, 그리고 귀에 익은 웃음

유년의 호뜨기가 1932년 4월 29일 오전 11시 40분,
일본 헌병과 군인들의 삼엄한 경비망 뚫고
그 거리에서 비호처럼 뛰어들어 힘껏 불어댄 물통폭탄이
폭발하였다 참혹하기 그지없어라
천장절과 전승기념 축하식 단상이 엎어지고
도중도 버드나무 호뜨기가
가느다랗지만 길게 귀에 익은 웃음을 터트렸다
(이 호뜨기 소리는 오직 호뜨기 붙잡은 손끝만이 듣다)
봄 소풍 떠나기 알맞은 비 그친 사월,
도중도 아름드리 버드나무 껍질이
부황 든 얼굴에서 튀어나와 상해 전역을 덮어버렸다

A Reed Pipe and a Familiar Laughter

At 11:40 a.m. on April 29, 1932, a childhood reed pipe
leapt into the street like a flying tiger
eluding the vigilance of Japanese military police and soldiers
and blew a water bomb hard, causing it to explode. It's dreadful.
a celebration Emperor Hirohito's birthday

The podium was overturned during the emperor's birthday and war victory celebrations.

The Dojoongdo's willow reed pipe burst into a thin but long familiar laughter.

(Only the fingertips of the reed pipe could hear the sound.)

April, when the rain stopped, which was ideal for spring picnics.
The barks of Dojoongdo's massive willow
protruded from its yellow, swollen face and blanketed Shanghai.

수통 폭탄

눈 깜짝 사이의 목숨,
목숨은 순간의 폭발성의 연속이다
생명이란 스피드,
얼마만큼 빠르고 정확하게
온 힘 다하여
어둠을 향하여 달려가 어둠을 터트릴 것인가
목숨 담아 던질 것인가

버들개지에 실안개 피어오르는
예산 도중도에서 싹튼
폭발음 퍼져나가 붉은 비 나리는 봄비의 침상

A Water Bottle Bomb

Life in the blink of an eye.
Life is a series of explosive moments.
Life is speed.
It all depends on how quickly and precisely
you run toward the darkness and burst it
with all your might.
Will you put your life on the line to throw it?

The explosive sounds start in Yesan Dojoongdo,
where thin mist rises over the catkin,
and spread into the bed of red spring rain.

상해 회오리바람
- 〈상하이타임스〉의 4월 30일자 기사

한 줄기 거대한 회오리바람이 천지를 뒤덮었다
물통폭탄을 던진 직후, 회오리바람이 스며든 회오리바람 속에서
찰나의 순간, 한 청년이 의식을 잃었다
그가 누군지는 밝혀지지 않았고 이름조차도 몰랐다
일제 군경은 정신 잃은 청년이 깨어나기만을 기다렸다

* 당시 화둥[華] 지방 최고 권위 지녔던 〈상하이타임스〉의 4월 30일자 기사를 살펴보면, 이 신문은 당시 정황을 다음과 같이 전하고 있다. "(폭탄이 터진 후) 회오리바람이 소용돌이치는 군중들 사이에 조선 사람 윤봉길이 있었다. 그는 군경들에 의해 구타당해 쓰러졌다. 주먹, 군화, 몽둥이가 그의 몸을 난타했다. 만일 한 사람이 죽게 된다면 바로 그 조선인이었을 것이다. 그는 회색 양복을 입고 있었다. 곧 그 회색 양복은 갈기갈기 찢겨져 땅에 떨어졌다. 잠시 후 그 한국인은 땅바닥에 쓰러졌는데 아무런 기척도 없었다. 그의 몸은 형태를 알아보기 어려울 정도였다. 총검을 가진 군경들이 그가 쓰러져 있는 곳에 비상 경계선을 치고 군중들로부터 그를 차단했다. 군경들이 비상경계선 안에서 그를 감시하였다. 곧 차 한 대가 나타났다. 그 조선인은 (일본군에 의해) 머리와 다리가 들려 짐짝처럼 통째로 차 뒷좌석에 구겨 넣어졌다. 그는 아직 숨을 쉬고 있었다."

Shanghai Whirlwind
- An Article from the Shanghai Times on April 30th

A massive whirlwind blanked the world.

After throwing a water bottle bomb, a young man lost his mind in an instant in the circling whirlwind.

Nobody knew who he was or even what his name was.

Japanese military police waited for the fainted young man to awaken.

몰매를 때리다
- 5월 3일 발행된 〈노스 차이나 해럴드〉 기사

죽었는지 살았는지 모르다
언론은 혹간 범인인
한 청년이
현장에서 몰매 맞아 즉사하였다고 썼다
일치하는 기사는 모두가
홍구공원 폭탄 투척 이후 범인이 몰매 맞아
이미 죽었거나 거의 다 죽어 있어 형체를 분별할 수 없다고 썼다
그러나 품속 매헌의 시계는
느리거나 빠르지 않게
정확히 시침을 치고 있다

* "폭탄 투척자(윤봉길)의 가장 가까이 있는 자들은 분노하였다. 그들은 그를 붙잡아 땅바닥에 내동댕이쳤으며 주먹으로 몰매를 때리고 그의 옷을 찢어 내었다. … 그는 머리에서 허리께까지 피가 흘러내리고 있다."

Give a Group Attack
- An Account from the North China Harold on May 3

Nobody knows if he's alive or dead.
The media occasionally reported
that a young man, who was the criminal,
was beaten by a mob and would die at the scene.
All articles state unequivocally
that the criminal was already dead or near dead
after the bombing in Hongkou Park, so the shape could not be identified.
However, Maeheon's watch in his arms is beating precisely,
not slowly or quickly.

피투성이

이빨 열두 개가 부러졌다
(아직도 이 사실은 묻혀 있다)
손에 쥔 소총 개머리판으로
일본 헌병들이 쉴 새 없이
얼굴 찍어 광대뼈 함몰되었다
(아직도 이 사실은 묻혀 있다)
스물다섯 살 청년을 매질했다
숨만 붙어 있는 초주검 몸을
어둠의 입술이 핥아주었다
(아직도 이 사실은 묻혀 있다)

Bloodiness

His twelve teeth were broken.
(This truth remains buried)
Japanese military police constantly
battered his face and sank his cheekbone
with the rifles in their hands.
(This fact is still buried)
They assaulted a 25-year-old young man.
The lips of darkness licked his half-dead body,
who was barely breathing.
(This truth remains buried)

홍구공원 의거

왜 하필 눈일까 하필 눈알일까

대의를 위히여 시전답시,
홍구공원 답사를 하면서도 두 눈이
광야를 짓밟으며 미친 듯 달려온 질주

오천년 숨결 묻어 있는
배달겨레의 휘장이 둘러쳐지면서
상해에 비를 뿌리고 있다

매우 평안히 혹은 매우 후련하게
이천만 동포가 고이 간직한
오천년 심장을 던졌다 터트렸다

내가 폭탄을 던진 게 아니다
오천 년 단군조선의 역사가 부활하여 나를 던졌다 터트렸다

예산과 나를 던졌다 나를 터트렸다

눈은 몸을 잃을 것이며
압제의 홍수에 몸이 죽어 처참하게 스러지리라

그러나 조국은 자유하리라

목숨이야, 내 목숨이야
비 갠 상해 하늘에 뜬 낮달, 상관치 말라

나는 매우 후련하다 후회 없다

* 매헌 스물다섯 살(만 스물넷) 때, 전 세계를 격동시킨 1932년 4월 29일 상하이 홍구공원 의거를 감행하다.

A Patriotic Deed in Hongkou Park

Why was it the eyes? Why was it the eye balls?

While surveying the Hongkou Park
for a great mission, both eyes
ran like crazy in the wilderness.

It rained in Shanghai
after the curtain containing the 5000-year-old breath
of Korean people was drawn,

The 5,000-years-old heart, which 20 million compatriots cherish,
was thrown to explode
in a very peaceful or carefree manner.

It was not I who threw the bomb,
 but Dangun Joseon of 5,000-year-old history revived and threw me.

It threw Yesan and me to explode.

My eyes would lose their bodies,
and my body would die of heinous oppression.

My country, on the other hand, would be free.

My life is entirely mine.
I don't care, Day Moon in the Shanghai Sky After the Rain.

I'm completely carefree. I don't have any regrets.

욱일기

대를 이어 도적질하는 쌍판때기가
소낙비 내린 진흙창에 갈가리 찢어지고 있다

저 거무스름한 흉상은 말거머리,
거무튀튀한 내력이 산산조각 나고 있다

흉수 감춘 사악한 도적의 자식이,
혈관에 빨대 꽂고 피 빨아먹는 악행에

보라, 나는 침묵하나 내 피는 침묵하지 않는다

내 그늘에 누워 호의호식하나 너는
독이빨에 물려 음부에서 멸절하리라

너의 안락함이 추잡한 너를 찢고
꺼지지 않는 유황불이 네 가문과 후손을 집어삼키리라

한 조각 뼈도 없이 스멀스멀
미나리깡에 숨어들어 거들먹거리나
의분은, 의기는, 의열은 부활하고

너, 거무튀튀한 말거머리, 사라지리라

Rising Sun Flag

A face that has robbed for generations
is tearing to shreds in the mud, saturated by a sudden shower.

The hideous dark face is a horseleech.
The somber history is being shattered.

The evil robber's son, hiding his villain action,
sticks the straw into blood vessels and sucks blood.

Look, I remain silent, but my blood doee not.

You who live well in my shade
will be bitten by poison teeth and eradicated in genital area.

Your comfort will tear you apart,
and an eternal hellfire will devour your family and descendants.

Righteous indignation, patriotic spirits, heroism will revive,
and you, a blackish horseleech,
which crawls without a single bone
and acts big, hiding in the water parsley garden,

will be eradicated.

세계 언론의 머릿기사

천지가 무너지는 굉음이 세계를 덮쳤다

국제 대도시인 중국 상해는 일본 영토
만주에 이어 상해를 점령해 버린 진승국,

그 일본국의 육군사령관에서 해군제독을 살상한 한국의 기상에 경악했다

한국청년의 부릅뜬 눈에 세계가 실명하고
세계 언론은 상해 매헌 의거에 넋을 잃었다

Headline News from Around the World

A thunderous roar hit the world.

Shanghai, an international city, was the territory of Japan, which occupied Shanghai following Manchuria.

The Korea spirits that killed the commanders of the Japanese Army and Navy shocked the world.

The glaring eyes of a Korean young man blinded the world, and the world media was captivated by Maeheon's patriotic act.

대한의 혼

육안으로 보이는 혼 보거라
피투성이 되어 엎어지고 끌려가는 대한의 사내 보거라

얼마나 무수한 백성이 끌려가
일제의 총칼에 얼마나 무수한 백성이
나라 잃은 망국민의 목숨이 죽었느냐

눈으로 훤히 보이는 불꽃,
타오르는 혼, 대한의 혼 보거라

담금질이나 그 무엇이나 대한 청년은 결코 굽힘이 없을지라

백 번 천 번이라도 다시 돌진하여
오른손 높이 든 혼 보거라

Korean Soul

Look at the visible soul with your own eyes.
Look at the Korean man who is being dragged with blood.

How many ruined people were dragged
and killed
by guns and sword of the Japanese empire?

Look at the visible flame with your own eyes,
the burning soul, and the Korean soul.

Tempering or anything else will not deter the young man.

Look at the soul who runs over and over
and raise his right hand high.

임시정부, 부활하다

십여 년 넘도록 겨우 명맥 이어오는
이름뿐이었다

상해의 봄 빗줄기 그쳐
날이 개는 것을 선두로
멀리 가까이 아지랑이 밀려오고

남새밭에도 보리밭에도 뒷간에도
봄 아지랑이 펄럭거려

뜨거워져 오는 봄 열기,

아아, 상해 임시정부, 파릇한 새싹 돋다

* 임정 부활 : 식민지배하의 한민족에게 꺼지지 않는 자유 독립의 의지를 일깨워준 횃불로 점화 시켜 1910년 조선 멸망 이후, 1919년 3·1 독립 만세 운동의 결실인 대한민국 임시정부의 명맥을 되살렸다는 데 그 의의가 있다. 1932년 1월, 이봉창에 연이어 매헌의 상해 의거는 침체의 늪에 빠져있던 대한민국 임시정부를 부활시키는 계기가 되었다.

The Provisional Government Is Revived

The provisional government was barely keep itself in existence over a decade.
It was nominal.

When the spring rains stop,
and the sky clears in Shanghai,
haze rises from far away and close.

Spring haze shimmers
in vegetable gardens, barley fields, and privies.

The spring heat grows hot.

Oh, there's a bud sprouting in the Shanghai Provisional Government.

해외교포들 감격하다

조국이 살아 있었다 … 아아… 살아 있었다
캐나다에서 미국에서 하와이, 칠레, 중국, 러시아에서 울었다
목청 터지게 내성통곡하였다…

해외교포들이, 무진장 해외교포들이 울었다

마늘밭이 울고, 반만 년 단군의 역사가 울고 조선이,
조선 백성이, 조선 소나무가 울고…
산천초목이 눈물콧물 흘리며 울고 또 울었다

울음들이 모인 한인 교포사회는
임시정부를 지원하고 각인시키는 견인차가 되었다

Overseas Koreans Are Deeply Touched

My country was still alive… Oh, Korea was still alive.
Koreans from Canada, the United States, Hawaii, Chile, China, and Russia cried.
They wailed at the top of their lungs.

Overseas Koreans sobbed uncontrollably.

Garlic fields cried, Dangun's history of 5 thousand years cried, and Joseon,
Joseon people, and Joseon pine trees cried …
The mountains and streams, plants and grass all shed tears and snot.

The Korean community, which had gathered in tears,
became a driving force in supporting and reminding the provisional government.

족두리
- 매헌, 의거 직후의 정황

의거 직후 상해의 일부 언론은
범인은 현장에서 붙잡혀 사지가 찢겨 죽고
어떤 신문은 인사불성이 된
범인의 숨은 붙어 있다고 썼다

몰매 맞아 가물가물 영혼 너머로
후두둑, 길 떠나가는 오정의 봄비에도
내게서 떠나지 않는 한 영혼,

신리 뒷내골 아내가 시량리 혼례 올릴 때 쓴 붉은 족두리, 내 소중한 아내여

아내, 그 가여운 몸이
쓰러진 내 몸을 사정없이 짓밟아 돌리는
연자방앗간 맷돌 떠받치려
여린 발길 어찌 상해 찾아왔나

도중도의 새 신부, 시량리에서
몇 달을 걸어왔나 눈에 익은 족두리

* 상해 발행의 〈中央日報〉는 4월 30일에 「滬虹口公園中慘劇 白川重光等被炸傷」이란 표제로 윤봉길 의사의 홍구공원 의거를 보도하면서, 체포 당시의 상황을 두 군데서 다음과 같이 설명하고 있다. "폭탄이 터진 뒤 범인은 사령대 부근에 있던 군중들에 의해 붙잡혀 폭행을 당하였다. 현장의 경비업무를 담당하고 있던 군경이 범인을 체포했을 때 범인은 이미 인사불성 상태였다."

Jokduri Bridal Headpiece
- Maeheon's Situation Right After His Patriotic Deed

Shortly after the patriotic act, some Shanghai media
reported that the criminal died at the scene from torn limbs,
and others that the criminal was unconscious but had his breath
linger.

The soul whose mind wandered after being beaten
set out in the spring rain at noon.
But there was a soul that stayed with me.

The red jokduri, which my wife of Sinri Dwitnaegol wore at the
wedding in Siryang-ri. My Precious Wife.

My wife came to support the millstone,
which mercilessly spun my fallen body,
with her tiny body.
How did her pathetic step come here?

How many months has the new bride walked from Siryang-ri,
the familiar jokduri bridal headpiec.

제2장

예언, 그 푸른 별의 잎맥
Prediction, the Blue Star's Nervuren

홍구공원 의거현장의 실상

그날, 도중도 물살이 샘물로 변하여 아이 웃음소릴 냈다

여름철이면 으레 듣던 폭우의 우레 소리인가
매헌, 전신을 얻어맞아 인사불성, 눈을 못 뜰 정도다
퉁퉁 부어오른 광대뼈에서 떨어진 핏방울이
발길질에 실신해버린 덕숭산 대치천을 시뻘겋게 물들였다

일본 헌병은 매헌을 거의 죽을 만큼 때렸다
맞으면서 통증은 통증조차 잃어버린 걸까

살이 터져나가도록 군홧발에 채여 갈비뼈가 몽땅 부러져도 무슨 내음일까

아픔 속에서 무슨 백합화 향내 천지에 진동하다
상해주둔 헌병대 옥사에서 다 죽어가면서도 매헌은
평온을 설명할 대체하지 못하는 자긍심,

죽을 곳을 찾아 잘 해냈다는 안도의 여울물 흘러
고요히 써 가며 감춰 놓은 미소 한 올,

덕산천변을 걸어 삽교역에 도착하던 봄날이 오고 있다

The Reality of Hongkou Park Bombing

On that day, Dojoongdo current changed into spring water that sounded like a child laughing.

Was it the rumble of heavy rain in summer?
Maeheon was knocked unconscious to the point of being unable to open his eyes.
The blood drops from the swollen cheekbones
turned red Daechicheon Stream of Mt. Deoksungsan fainted by kicking.

Maeheon was nearly beaten to death.
As you got beaten more, did pain forget itself?

What was this scent when his skin was ripped and his ribs were all broken by military boots?

The smell of lilies vibrated in the pain.
Maeheon was dying in the custody of the Shanghai military police, but he was composed because of his pride.

The rapids of relief that he had done the perfect thing to die ran and put a quiet smile hidden.

The spring days are coming along Deoksancheon Stream to Sapgyo Station.

출입문 봉쇄

상해군 헌병대는 그들이 곧 법,
핑계에 맞는다면 재판 없이 살상하는 일이 다반사

눈물 마를 날 없는
한인 백성들이 개 돼지로 뒹구는
상해군 헌병의 무차별 구타로
상해시가 설정한 조계는 무용하였고

매헌의 의거 직후 일제는 홍구공원 출입문을 봉쇄하다

* 출입문 봉쇄 : 폭발음이 울림과 동시에 장 내의 질서가 한순간에 어지러워졌다. 이와
  동시에 일본 상해군 헌병대는 공원 출입문을 봉쇄하고 혐의자 색출에 나섰다.

Gateway Blockade

The world of Shanghai military police was law.
As the freak took them, they frequently executed people without a trial.

Koreans in China who couldn't stop crying
rolled around like dogs or pigs.
The Shanghai military police indiscriminately beat people,
and the Shanghai concession was meaningless.

Japan blocked the entrance to Hongkgou Park right after Maeheon's patriotic deed.

매헌의 미소

나 태어나 죽은 일
그 전부가
망각에 빠진다 하여도
사실을 말하마

나, 미소 짓노라

사내로서 신명나노라
나 청년으로 죽어도
사실을 말하마

나, 미소 짓노라

가족들, 그 어리고
설운 꿈이야
하늘에 부탁 올리고

나, 미소 짓노라

Maeheon's Smile

I will tell the truth
about my entire life
from birth to death,
even if it means going into oblivion.

I crack a grin.

As a man, I am exhilarated.
Though I die young,
I will tell the truth.

I crack a grin.

I beg God to watch over
my sad little dream,
family.

I crack a grin.

내 폭탄은

자유를 터트렸노라

수암산 눈빛이 붙인
화약 심지불 터트렸노라

자유 독립의 소망이
혈관을 터트렸노라

굉음과 흙먼지 뭉쳐
마른번개 불심지,
도중도의 내 폭탄은

나, 나를 터트렸노라

My Bomb Was

Freedom erupted from my bomb.

My bomb exploded slowmatch
which Mt. Suamsan's glittering eyes lit.

The prospect of Korea independence
caused my blood vessels to burst.

A roar and dirt combined to form a bomb,
with dry lightning acting as a wick.
My bomb of Dojoongdo

caused me to explode.

예포에 대하여 묻다

묻노니, 원래 21개의 포를 설치하여 도취한 채
상해점령에 대한 전승기념식을 겸한 21발의 예포발사를 무력화시킨
이는 시량리의 삵, 무명의 소년 아닌가.

우주를 집어삼키는 시량리 삵의 부리부리한 눈,
여보게, 예포를 한 발만 쏘고 종친 개나발 역사는 오로지 이 한 번뿐 아닌가,

히로히토 천황이여

* 예포禮砲(cannon salute) : 예포는 국가원수나 고관, 고급 장성이 군 부대나 함정을 공식 방문할 때나 다른 나라의 대통령, 국왕 등 외빈이 우리나라에 올 때 경의를 표하기 위해 일정 수의 공포탄을 발사하는 예식 절차다. 예포는 전쟁에 이긴 쪽에 대한 경의와 무장 해제의 표시로 행한 중세 시대의 전통 의식에서 시작된 것으로 알려진다.
* 히로히토 : 쇼와 히로히토 천황(昭和 裕仁 天皇, 1901.4.29.~1989.1.7. 사망) 쇼와 히로히토 천황은 일본의 제124대 천황이다. 1947년 제정된 일본국 헌법에서 천황은 상징적인 존재가 되었지만 1952년 4월 28일에 샌프란시스코 조약으로 일본이 주권을 되찾자 그는 여러 신궁과 야스쿠니 신사를 참배하며 일본의 국가주권 회복을 통고했다.

Inquire About a Cannon Salute

Let's me ask. Was it Siryang-ri wildcat, an unknown boy who negated

a salute of twenty-one cannons set up by triumphant Japan's imperial army to commemorate the victory in the Shanghai incident?

The flaring eyes of Siryang-ri wildcat devouring the universe. Listen here. This was the only time in history that salute ended with a single shot.

Old sport, Emperor Hiroito.

팔베개
- 시사신보, 맨 처음 보도하다

밤거리도
거듭하는 윤회輪廻의 시간이 있다

시야에서 사라지는 앞섶,

허기진 윤전기가 평상시보다 빠르다

황포강 멀리서 폭발음 울어

개울가 올챙이는 냇물을 달려
희대의 어둠에 잠수하고

한 시대가 누워있는 영원으로 헤엄치면서 죽어가는 시대의 뼈다

죽음을 녹이는
시원한, 후련한 순간이 오고 있다

---

* 〈시사신보時事新報〉: 그 당시 상해에서 발행되던 석간신문인 〈시사신보〉는 최초로 이 사건을 보도한 언론사이다. 의거 당일이던 1932년 4월 29일 「閱兵時天忽下雨同時飛來炸彈」 제하의 기사에서 보도되다. 이는 윤봉길尹奉吉 의사의 홍구공원 의거에 대한 세계 최초로 보도된 첫 보도이다.

Arm Pillow
- Shishixinbao Is the First to Report the Event

On night streets,
there is also the time of repeating samsara.

The front seop disappears from view.

Hungry rotary press is faster than usual.

Echoes from the distant Hwangpogang River.

The tadpole runs in the stream
and dives into the darkness.

It's the dying bone of an era that swims to eternity where an era lies.

The refreshing and bracing moment that will melt death
is approaching.

매헌, 태연하다

입술 다 터졌고
어금니가 몽땅 부러졌다

안부 전하려 오셨나

수암산 오형제 바위가 씽긋
아니, 그 와중에 왜,
오형제 바위가 씽긋 웃나

무거운 짐의 운반은 잘 마쳤다
왕손의 눈물도 뵈었다

지상의 모든 형체는
순식간에 허물어지는

참 어려운 언어 구사야
장마철 물안개에 휩싸인
말하는 산,
수암산의 산 그림자,

고문이야 개털 아닌가

* 4월 29일로 첫 보도를 낸 〈시사신보時事新報〉는 매헌 체포 당시의 상황을 다음과 같이 전하고 있다. "범인은 고려인 尹奉天으로 금년 25세이다. 현장에서 체포되어 일본 헌병대 사령부로 압송되었다. 심문 시 尹은 태연하게 자신이 폭탄을 투척하였음을 시인하였다고 하며, 이외에도 몇 명의 한인이 혐의자로 체포된 것으로 알려지고 있다." 의거 발생 5시간여가 지난 보도이다.

Maeheon is Composed

Maeheon's lips were all chapped
and his molars all broken.

Have you come to say hello?

The five brother rocks of Mt. Suamsan grin.
Meanwhile, why do
the five brothers have such a broad grin?

The heavy burden was well delivered.
I witnessed the tears of the royal offspring.

Everything in the world
collapsed moments.

It's so difficult to command of language.
The talking mountain is
surrounded by wet fog during the rainy season.
Mt. Suamsan casts its shadow.

Torture. It is not a big deal.

서장소년 西裝少年

소년이다, 앳된 살결과 보송한 솜털을 가진
주름이라고는 찾아볼 수 없는 아지랑이 너울의 봄보리

단번에 키 크고 단번에 꽃피어
아이들을 품에 안고
실한 열매를 익히는 수억만 년의 귀환

지구별, 더 이상은 찾아올 일 없는

대지, 더 이상은 발 디딜 일 없는 단 한 번의 외출을 한
소년이다, 앳된 살결과 보송한 솜털을 가진

---

* 서장소년 : 1932년 홍구공원 의거 당시, 상해에서 발간되던 신문 〈신보申報〉의 기사이다. 다음 날인 4월 30일에 발행된 신문들은 윤봉길 의사의 체포 상황을 비교적 상세하게 보도하였다. 그 중에서 〈신보〉는 우선 폭탄을 투척한 인물을 「서장소년西裝少年」이라고 한 기사를 싣고 있다. (申報, 1932년 4월 30일 「西裝少年」 기사)

A Boy in a Suit

He's a boy with wrinkle-free skin
and downy hair. Spring barley, waving in haze,

grew up and bloomed only once.
After hundreds of millions of years, he returned, holding the children in his arms
to bear substantial fruit.

Earth star to which he will never return.

Earth, where he has only been once and will never return.
any longer. The boy with wrinkle-free skin and downy hair.

염殮

애통함이다 봄밤,
화창한 봄날을 살고

소년은,
양복 입은 소년은
그 양복이

앳된 마지막 봄에
들었다
마지막 봄이

마지막으로 입어본
양복의 조문

염殮 잡수시고
널에 드는 수의壽衣

Yeom

It is heartbreaking and depressing. On a spring night.
A boy,

who lived on beautiful spring days,
in a suit.
The suit

got into
the early spring, his final spring.
The last spring

wore the suit last
to express condolences.

The shroud that had yeom,
lay in a coffin.

* Yeom : Rites of Cleaning and Dressing a Corpse

연기가 날아들었다

어디서 날아왔을까 도중도 생울타리에
곤줄박이 한 쌍이 둥지 틀어 알을 낳았다

조심조심 오가며 얼마를 지났을까
울타리 헤쳐 둥지를 살피니 벌써 이소한 뒤였다
어디로 갔을까

잠시의 생명을 일깨운 연기는 어디로 갔을까

일생의 뒤에 남는 그 꿈속의 연기,
상해공원 하늘을 날던 한줄기 연기는?

---

* 연기가 날아들었다 : 상해의 신문인 〈신보申報〉의 1932년 4월 30일자 기사내용 중 일부이다. 즉, 〈신보〉는 이 기사에서 윤봉길 의사가 체포되는 과정을 다음과 같은 내용으로 보도하고 있다. "당시 사령대 아래에는 일본헌병들이 경계를 하고 있었다. 사령대 뒤에서 한 소년이 성냥을 그어 불빛이 번쩍이더니 한 가닥 검은 연기가 피어올랐다. 그 연기는 곧장 사령대를 향해 날아 갔다. 곧이어 폭발소리가 나고서야 그것이 폭탄임을 알았다. 일본헌병은 그 즉시 등 뒤에서 그 소년의 두 팔과 허리를 끌어안았다. 주변의 일본인들이 함께 협조하여 그를 붙잡았다. 일본인들은 그를 마구 구타했다. 그의 얼굴은 보기 흉할 정도로 온통 피투성이 범벅이 되었다. 헌병대에서 그를 헌병사령부로 압송하여 심문했다."(〈申報〉의 1932년 4월 30일자 기사「兇手卽被捕」.)

Smoke Flew in

Where did the smoke fly from? A pair of titmouse settled down on Dojoongdo growing hedge and laid eggs.

I was curious how long I've been going back and forth carefully?
When I rummaged through the hedge to see the nest, the birds had already left.
Where did they go?

Where did the smoke that enlightened a moment of life go?

The smoke in the dream after a lifetime.
Where did the smoke that rose over Shanghai Park go?

상해 헌병대의 고문

상해 일본헌병대의 고문은 약지 손가락
약지 관절을 꺾는 일에서부터 고문이 시작되었다 고문이
시작되었다 신음을 죽이느라 매힌,

몸 비틀어대며 고통을 견디느라 벌써부터 어금니가 턱에 들러붙었다

손톱 뽑는 걸로 부족하여 관절을 꺾었다
자결용 도시락폭탄 터트려 죽지 못한 회한에
피투성이 온몸이 찬 마룻바닥에서 치를 떨었다

Torture by the Shanghai Military Police

The Japanese military police in Shanghai began with torture that broke his ring finger and ring finger joints. When torture began, Maeheon twisted his body to kill the groan. His molars have already stuck to his chin trying to endure the pain.

They broke their joints because they lacked nail pulling.

The regret of not being able to die after exploding a self-determination lunch box bomb shook on the floor full of blood.

빛, 어둠에 갇히다
- 안창호, 홍구공원 거사 당일에 체포되다

일제 압제 시절에 한민족의 큰 지도자,
한국독립운동의 실질적 기둥,
거류민단장 이유필 집을 방문,
이만영에게 선물을 주고 차 한 잔 마실 때
들이닥친 일본헌병에 의해 체포되다
미주한인사회에서 오로지
도산을 통해서만 독립자금을 조달,
자금줄 끊어지고 신변조차 불안하여
임시정부를 꾸려가던 백범에게 치명적이었다
언제 죽을지 몰라 백범도 당일에
김철, 안공근, 엄항섭과
급히 피치 목사 집으로 몸을 숨기다

* 도산 : 안창호(安昌浩, 1878.11.9.~1938.3.10.)의 호. 일제강점기 애국계몽 활동을 전개하고 독립운동에 일생을 바친 독립운동가이다. 가난한 농부의 집안에서 태어나 할아버지 밑에서 성장했으며 공부를 마친 뒤 1897년 독립협회에 가입하고 1907년 신민회를 조직, 1913년 샌프란시스코에서 흥사단을 결성하다. 1926년 2월 상하이로 돌아와서 만주에 흩어진 군사활동을 통일하여 대독립당을 결성하다. 1932년 4월 윤봉길의 폭탄투척 사건으로 일본경찰에 붙잡힌 도산 선생은 김구 주석과 함께 윤봉길 의거의 배후인물로 지목되어 일본 경찰에 잡혀간 뒤 한 달 동안 상해 일본 영사관내 구치소에서 취조를 받은 뒤 1932년 6월 7일 인천을 거쳐 서울로 압송되어 4년 실형을 받고 서대문과 대전에서 옥살이를 하고 출소하다, 1937년 수양동우회사건으로 다시 일본경찰에 체포되었다가 1937년 가을, 병보석으로 나왔으나, 이듬해 1938년 폐결핵등으로 경성제국대학 병원에서 운명하다.

Light Was Trapped by Darkness
- Ahn Chang-ho Was Arrested on the day of Honggu Park Bombing.

A great leader of the Korean people during the Japanese colonial rule,
and a substantial pillar of the Korean independence movement.
When Ahn Chang-ho went to the house of the head of the
residents association, Lee Yoo-pil, and drank tea while giving Lee Man-young a gift,
he was arrested by Japanese military police.
Since only Dosan managed
independence funds of the Korean-American community,
the provisional government was cut off from a source of funds,
which was fatal to Baekbeom feeling threatened by his personal safety.
Not knowing when he would die, Baekbeom
hurriedly hid himself in missionary Fitch's house
with Kim Chul, Ahn Gong-geun, and Um Hang-seop on the day.

매헌 의거 당일의 도산 표정

애타는 마음으로 도산은 항산에게 이르길
'잠깐 다녀올게',
마치 잠시 마실 나갔다 온다는 듯 말을 하고 현관을 나섰다

소식 올 때가 되었는데…

개인이나 국가나 흥망으로
부침이 있게 마련이나

대저, 겨울이 지나면 봄,

좌불안석, 초조해하며
연신 시계를 보는 눈이 뻘겋다

* 항산 김익균의 증언. 김익균은 그 당시 25살로 매헌과 동갑이며 도산의 비서 역할을 하고 있었다.

Dosan's Expression on the Day of Maeheon's Patriotic Deed

Dosan fretting
said to Hangsan,
"I'll be right back."
He left the house as if he was going out and returning right away.

I think It's time for some news…

Individuals and countries are
both destined to have ups and downs.

In general, spring follows winter.

Ill at ease and worried,
he looks at a watch with reddish eyes.

부서진 미래
- 도산, 체포되어 고문당하다

    묻노니 여러분이시여, 오늘 대한민국사회에 주인 되는 이가 얼마나 됩니까 … 어느 집이든지 주인이 없으면 그 집이 무너지거나 그렇지 않으면 다른 사람이 그 집을 점령하고, 어느 민족 사회든지 그 사회에 주인이 없으면 그 사회는 망하고 그 민족이 누릴 권리를 다른 사람이 취하게 됩니다. 이와 같이 자기 민족사회가 어떠한 위난과 비운에 처하였든지 자기의 동족이 어떻게 못나고 잘못하든지 자기 민족을 위하여 하던 일을 몇 번 실패하든지, 그 민족사회의 일을 분초에라도 버리지 아니하고 또는 자기 자신의 능력이 족하든지 부족하든지 다만 자기의 지성으로 자기 민족사회의 처지와 경우를 의지하여 그 민족을 건지어낼 구체적 방법과 계획을 세우고 그 방침과 계획대로 자기의 몸이 죽는 데까지 노력하는 자가 그 민족사회의 책임을 중히 알고 일하는 주인이외다.

무자비한 탄압과 고문으로 얼룩져도
인권이니 탄압이니 라는 단어 자체가 무용한
일본 영사관에 도산, 구금되다

홍구공원 거사 당일, 일경들이
일본 상해공사관에 체포되어온 도산 따귀를 때리다

언제나 온화하고 그윽한 눈빛의
도산을 밤새도록 고문하며 발로 짓밟다

우지끈, 마루장이 무너지듯 미래가 부서지고 있다

* 도산 안창호 선생이 1925년 1월 25일 〈동아일보〉에 기고한 기고문 「주인主人인가 여인旅人인가」 중 일부.
* 상해공사관 : 상해 일본영사관내 구치소를 말한다. 도산 선생은 김구 주석과 함께 윤봉길 의거의 배후인물로 지목되어 매헌의 홍구공원 의거 당일 오후에 일본군경에 체포된다. 이때의 상황을 윤봉길 의사의 폭탄 투척 의거와 더불어, 중국의 각 신문들이 대대적으로 보도한 것은 安昌浩의 체포와 그의 석방운동이었다. 안창호는 의거가 발생한 후 2시간여 만인 오후 1시경에 프랑스조계 당국이 파견한 형사대에 체포되어, 일본헌병대에 넘겨졌다. 안창호의 체포 소식을 중국의 각 신문들은 4월 30일부터 「日方炸彈案後 捕韓國革命領袖安昌浩」·「虹口炸彈案 韓人安昌浩等被拘捕」·「韓人安昌浩在法租界被捕」 등의 대활자로 뽑아 보도하였다. 그렇게 도산은 일본군경에 잡혀간 뒤 37일 동안 상해 일본영사관내 구치소에서 취조와 고문을 받다. 그 후 1932년 6월 7일 인천을 거쳐 서울로 압송되어 4년의 실형을 선고받는다. 서울 서대문형무소와 대전형무소에서 옥살이를 하고 출옥하였다가 다시 1937년 재수감되어 옥살이를 하다. 결국 급성 폐결핵으로 가석방되어 경성제국대학병원에 입원, 치료하였으나 병마를 이기지 못하고, '무실務實, 역행力行, 충의忠義, 용감勇敢'이라는 4대 정신을 기저로 흥사단을 이끌며 인격지상주의를 설파하던 위대한 민족지도자 도산은 1938년 봄에 숨을 거둔다. 미국에 사는 도산 가족들과는 1926년 2월에 만나고 못 만난채로 도산이 60세에 이르렀을 때의 일이다.

Broken Future
- Dosan is Arrested and Tortured

In the Japanese consulate
marked with ruthless oppression and torture,
and where the word human rights oppression is meaningless,
Dosan is detained.

On the day of the Hongkou Park bombing, Dosan is slapped after being arrested
by Japanese police and taken to Shanghai Japanese consulate, is slapped.

They torture and trample Dosan
with gentle eyes all night.

The future is breaking as if the floor is collapsing.

피치 목사

아무런 대가 없이
선친에 이어
한국독립을 지지하고 응원해 주었다

상해 일경을 피해 찾아온
백범을 집안으로 들여 숨겨 주었다.

집안이 위험해지자
부인인 제럴드와 백범을 부부로 위장,
조마조마하며
승용차를 운전하여 이동하다

상해를 벗어나
마침내 안전지대인
중국 저장성 자싱시[嘉興] 메이완가 76호로 피신시켜준
대한민국의 은인,

임시정부 요인들을 살린
고마운 미국 국적의 피치,

감사한 피치 목사여

* 조지 애슈모어 피치 : 조지 애슈모어 피치(1883~1979). 당시 개신교 목사이다. 피치는 윤봉길 의거 이후 김구·엄항섭·안공근·김철을 자신의 집에 숨겼다가 일본 경찰에 노출되자 부인 제럴딘과 김구를 부부로 위장시켜 차에 태운 뒤 자신이 운전해 김구를 자싱까지 피난시켰다. 피치의 부친은 장로교 선교사로서 한국 독립 운동가들을 지원한 인물이다. 아버지의 영향을 받은 피치는 윤봉길 의거 이후 일본 경찰의 한국인 불법체포와 검문에 항의하는 서한을 프랑스 조계 지역 언론과 경찰에 보냈다. 1937년 일본의 난징[南京] 대학살 때는 난징의 외국인들과 국제위원회를 조직해 일제의 만행을 세계에 고발했다. 1940년대는 중국 국민당 정부가 임정을 승인하도록 도왔다.

Missionary Fitch

Without receiving a reward,
missionary Fitch supported Korea's independence
in the footsteps of his late father.

He hid Baekbeom, who had come
to avoid the Japanese police in Shanghai, in his house.

When his house became unsafe,
his wife Gerald and Baekbeom disguised themselves as couples
and Fitch picked them up
nervously to move.

He assisted Baekbeon in fleeing Shanghai
and finally arriving at Maywandga 76 in Jiaxing, Zhejiang
Province, China,
a safe zone.
He was the savior of Korea.

Fitch was a grateful American,
who saved the a key figure in the temporary government.

Thank you, Missionary Fitch.

주푸청

매헌 의거에 감복,
임시정부를 지지하는 마음 하나로
위기에 처한 백범을
자싱시의 아들에게 백범을 보내어

백범 목숨을 살린 중국인,
한국 정부는 병자년('96),
주푸청 공로를 높이 평가하여
김영삼 대통령이

백범 목숨의 은인에게
대한민국 건국훈장 독립장을 수여하다

* 주푸청(褚輔成, 1873~1948) : 주푸청은 중·일 전쟁 시기에 국민정부의 최고 국책자문 기관이었던 국민참정회에서 참정원으로 활동한 명망가이자 상하이 법학원장(대학장), 저장성 정부 임시주석 겸 민정국장을 지낸 인사였다. 상하이 법학원장(대학장), 저장성 정부 임시주석 겸 민정국장을 지낸 인사이기도 하다. 그는 고향 자싱에 있던 장남 주평장에게 김구를 보내고 은신처를 제공했다. 주평장은 우룽교[五龍橋] 남쪽의 실 만드는 슈룬사[秀綸紗] 공장에 김구를 숨겨줬다. 미국인 피치와 중국인 주푸청이 릴레이로 '미·중 합동 작전' 하듯 상하이에서 자싱의 은신처까지 김구를 탈출시킨 셈이다. 대한민국 정부는 1996년 주푸청의 공로를 인정해 대한민국건국훈장 독립장을 수여했다.

Jupucheng

Moved by Maeheon's heroic deed,
Jupucheong backed the provisional government of Korea.
He was a Chinese man
who saved Baekbeon's life in a crisis

by having his son set up a shelter in Jiaxing.

In 1996, the Korean government

recognized Jupucheong's contribution,
and President Kim Young-sam

bestowed the Order of Merit for National Foundation
on the savior who saved Baekbeom's life.

광둥廣東 사람 장씨

일경의 눈을 피해 이름을 바꿔 숨었다
광둥사람 장진구, 혹은
이마저도 일경에 파악되어 급습당하자
주푸청은 급히 며느리 고향인 해염海鹽으로 백범을 피신시키다

* 장씨 : 백범은 자싱[嘉興]에 은거해 있으면서 광둥廣東 사람 '장진구張震球' 또는 '장진張震'이라는 가명으로 행세하였다. 주변에 그의 정체를 아는 이는 주씨 일가 몇 명뿐이었다.

Mr. Jang from Canton

To avoid being watched by the eyes of Japanese detectives, he changed his name

to Jang Jin-gu, a Cantonese. Once,

when his true identity was revealed by the Japanese police and he was attacked.

Jupucheng hurriedly evacuated Baekbeom to Haeyeom, the hometown of his daughter-in-law.

처녀 뱃사공

처녀 뱃사공이 있었단다
백범과 부부지간으로 살면서
백범의 피난처가 되어준 여인,
주애보朱愛寶
백범을 숨겨 주며 살다가
헤어진 여인,
음지의 햇살이 된
평생 잊지 못하는 여인이 있단다

* 처녀뱃사공 : 일본 경찰이 김구 피난처를 급습하자 주푸청은 며느리의 친정인 저장성 하이옌[海鹽]으로 김구를 피신시킨다. 김구는 하이옌에서 반년을 보내다 자싱으로 돌아왔다. 주푸청은 김구를 보호하기 위해 처녀 뱃사공 주아이바오[朱愛寶]와 부부로 위장시켜 일경이 순찰할 때마다 배 위에 덮개를 덮고 지내도록 했다. 김구 선생의 거처는 임정 가족들에게도 비밀이었을 정도로 생사를 건 도피 생활의 연속이었다. 김구는 주아이바오와 함께 난징에서도 광둥 출신 골동품상 부부로 위장해 피난생활을 계속했다. 1938년 난징이 일본에 함락되자 김구는 후난[湖南]성 창사[長沙]로 가면서 주아이바오를 잠시 자싱으로 돌려보냈다. 두 사람은 그 후 다시는 만나지 못했다. 난리 통에 벌어진 '가짜 부부'의 안타까운 생이별이었다.

A Single Boatwoman

There was a single boatwoman.
She was Zhuabao,
who lived as a husband and wife with Baekbeom
and became his refuge.
She ended their relationship
after hiding Baekbeom.
There was a woman unforgettable,
who became the light in the darkness.

목바리 무궁화

꼭두새벽 쇠죽 끓여 여물주고
쟁기 걸어 논 갈아엎는
보습이 세워놓는 논이랑 빛난다

겨울지나, 음습한 계절을 지나
목바리 흙살들, 푸른 눈 세워 놓는다

흙이다, 나는 흙으로
집 짓고 내 그림을 칠 것이다

청사 그늘에 자유를 쓰라
시량부흥길 피어나는 무궁화여

Mokbari Mugunghwa

Early in the morning, I boil fodder for cattle
and plough the rice fields.
The plowshare's furrows shine.

After winter, the dark and damp season,
the Mokbari dirt sprouts blue eyes.

Soil. I am going
to make a house out of soil and draw a picture with it.

Mugunghwa Flower on Shiryangbuheung Road,
Write freedom in the shade of history.

쌀독의 쥐새끼
- 상해 일본군사령부 수금소에서의 매헌의 독백

쇠사슬이 써가는 쇠붙이의 문자인가
오후 1시에 끌려 들어와 새벽 1시에 이르도록 거꾸로
쇠사슬에 거꾸로 매달아 놓길 반복하지만
모를 거라 감방 식구통이
손 한 번 안 댄 채로 졸음 눈빛에 겨워 꾸벅꾸벅 졸고
내 전신의 피는 간절히 피의 울부짖음,
정확한 단어로
죽음의 황홀감을 신명나게 외치는 중이니,
너희들, 조선이라는
쌀독에 들어앉은 쥐새끼들아
견뎌 보거라
어디 잘 견뎌보란 말이다
네놈들이 내 오른 손가락 약지를 절단하는 등
온갖 구타와 고문을 하지만
나? 걱정 마, 오래전 황천에 들어가
목숨 맡긴 지 오래므로 그저 고요하다 요 쥐새끼들아

A Rat in a Rice Container
- Maeheon's Monologue in the Custody of Shanghai Japanese Military Headquarters

Is it the iron character written by a chain?
At one p.m., I am dragged and repeatedly hung upside down
on the chain until one a.m.
They won't notice I'm
drowsy with heavy eyes without touching the food container.
My entire bloodstream screams with glee.
With the exact word,
it joyfully exclaims the ecstasy of death.
Guys, you are
the mean rats in a rice container named Joseon.
I wish you will endure well.
I want you to persevere until the end.
Even if you try every beating and torture
such as cutting off my right ring finger,
don't worry about me. Because I trusted the afterlife
with my life a long time ago, I am composed, Mean Rats.

죽竹

나를 쪼개어 보세요
치밀어오르는
도저히 참지 못하는
울분과 아픔으로
꽉 채워진 나를 보세요
비바람 휘몰아쳐도
기꺼이 마시는
나를 쪼개어 보세요

Bamboo

Split me up.
Look at me filled
with anger and pain
surging through me
that I can't stand.
Even if it's windy,
I'm willing to drink it.
Split me.

매헌의 손가락
- 의거 직후, 고문당하고 난 밤의 일기

미치게 꿋꿋하리라 환장하게 꿋꿋하리라
꿋꿋하고 꿋꿋하며 강의한 주먹 내치리라
주먹 쥔 양손 들어
더러운 대지의 검은 쇠창살을 부수리라

내 피투성이 하룻밤 새 손가락 두 개 뽑아내도
두렵지 않다 싸우고 또 싸우리라
피 터지도록 입술 깨무는데 손가락이다
나를 건사해 온 손가락 상당수가 사라졌다

그러나 강보에 쌓인 저 한당을 어찌하랴
나 없이 살 어린 아내와 아들의 아픔을 어찌하랴
주룩주룩 흘러내리는 핏물은
나의 의지와 무관한 불망의 난해문자,
황토길 메마른 동공이 매달린 수금소 철문

Maeheon's Finger
- The Diary at Night after Being Tortured Immediately Following the Patriotic Act

I'm going to remain undaunted. I'll stand freaking awesome firm.
I'll throw a powerful punch while standing tall and brave.
With both hands clenched, I will break the black grating on the dirty ground.

Even if my two bloody fingers are pulled overnight,
I'm not afraid. I intend to fight to the bitter end.
While I bite my lips to endure, my several fingers,
which have attended me, have disappeared.

But what should I do with Jeohandang in swaddling clothes?
What should I do about the anguish of my young wife and son who will have to live without me?
The flowing blood has
cryptic characters that are unforgettable regardless of my will.

On the red clay road, dried eye pupils hang from the custody's iron gate.

재채기
- 백범이 상해 소재 신문사에 보낸 한 장의 편지

감기가 들어오려거나
으스스한 몸에 비치는 불빛
방 천정을 뚫고 들어와
가슴을 치는 비가시성의 항체

나는 견디지 못하고
나를 뱉어버리고 토설하기로 하는
밤은 짧다
하루 밤만 견디라
아무리 어두워도 밤길 못 가랴
수감된 동포들이여

내 심장은
새벽부터 우표를 달고 있다

* 金九의「虹口公園炸彈案의 眞相」게재. 1932년 5월 9일 오후, 중국의 각 신문사에 한 통의 편지가 배달되었다. 편지 속에는 태극기 앞에 폭탄을 들고 있는 윤봉길 의사의 사진 1장과 타자로 작성된 영문편지 5장이 들어 있었다. 편지의 제목은「홍구공원 작탄안의 진상」이었고, 편지를 작성한 사람은 金九였다. 김구는 윤봉길 의사의 홍구공원 의거를 계획하고 추진한 주모자였다. 자신은 의거가 결행된 후 피신하였지만, 안창호를 비롯하여 많은 한인들이 체포되었다는 소식을 들었다. 김구는 피신해 있으면서 체포된 가족에게 전화를 걸어 위로하기도 하였지만, 더 이상 한인들이 체포되는

것을 볼 수 없었다. 또 사건과 관계없는 사람들이 체포되는데 대해 불만도 표출되었다. 그 상황을 김구는 다음과 같이 술회하였다. "날마다 왜놈들이 사람을 잡으려고 미친개처럼 돌아다니는 판이어서 우리 임시정부와 민단 직원들을 물론 심지어 부녀단체인 애국부인회까지도 아예 집회할 엄두도 낼 수 없게 되니 동포들 사이에 비난이 일기 시작했다. 이번 홍구사변을 주모하고 획책한 사람은 따로 있는데 자기가 사건을 감추어 관계없는 사람들만 잡혀가게 하는 것은 안 될 말이라"는 것이다. 김구는 자신이 주모자라는 것을 세상에 공개하고자 하였다. 측근들이 반대하였지만, 김구는 엄항섭嚴恒燮에게 홍구공원 폭탄 투척 사건의 진상을 작성하도록 하였다. 그리고 피치(F.A. Fitch) 부인에게 영문번역을 부탁하고, 영문 편지를 로이터 통신사에 보냈다. 이것이 중국 각 신문사에 배달된 것이다. 중국의 신문사는 5월 9일 오후에 편지를 받았다. 그리고 다음 날인 5월 10일 일제히 이를 보도하였다. 상해에서 발행되는 時事新報 時報 申報를 비롯하여 남경의 中央日報, 천진의 大公報가 5월 10일로 동시에 게재한 것이다. 이중 時事新報는 5월 9일과 10일로 두 번 게재하였다. 내용에는 차이가 없지만, 각 신문사별로 제목을 달리하여 보도하였다. 편지의 서두는 다음과 같은 내용으로 되어 있다. "홍구공원 폭탄 투척 사건을 빌미로 일본 당국은 한인 독립운동자를 일망타진하려는 의도에서 이번 홍구공원 폭탄 투척 사건을 모모 여러 한인단체와 연결시키려 하고 있으나 여전히 진상을 제대로 파악하지 못하고 있다. 이번 사건에 연루된 혐의로 상해에 거주하는 무고한 한인들이 아무 영문도 모르고, 아무런 증거도 없이 일본 당국에 체포되었다. 그러나 이번에 체포된 한인들은 모두 이번 사건과 관련이 없다. 특별한 임무를 수행하기 위해 상해를 떠나기 전 나는 인도와 정의의 입장에서 이번 사건의 진상을 세상에 밝히려고 하는 것이다."

김구의 의도는 실현되었다. 중국의 여러 신문들이 5월 10일로 동시에 김구의 편지를 그대로 번역하여 게재한 것이다. 그리고 이를 통해 홍구공원 폭탄투척사건의 진상이 세상에 알려지게 되었다. 열흘 정도 지난 후 체포되었던 한인들이 석방되었다.

Sneeze
- A Letter from Baekbeom to a Shanghai Newspaper

I think I'm going to catch a cold.
The light on my shivering body,
the invisible antibody that enters through the room ceiling
and beats my heart.

When the short night becomes
unbearable,
I decide to spit myself out and vomit.
Let us only be patient for one night.
Compatriots in Prison,
we can't stop walking, no matter how dark it gets,

My heart wears
a stamp since the dawn.

매헌 쇠스랑

목계 뜰 진동시킨 쇠스랑이
홑겹 무명 옷 입고 무명으로 일하고 있다

일본에 이송되어 산화한 쇠스랑이
수암산에서 몸 일으켜 들고
성큼성큼 걸어오는 덕산천변,

새로운 새 시대를 열망하는 심정으로 가열차게 내리찍는

덕산 숨소리, 충의의 정신가
새 생명을 분출해내는 천둥소리

Maeheon's Pitchfork

An unknown pitchfork is working clanging
in Mokgae garden wearing cotton clothes.

The pitchfork that was sacrificed after the transfer to Japan
rises in Mt. Suamsan
and strides toward Deoksancheon Stream.

Deoksan blows out breath strongly with a desire for a new age.

Is it a spirit of loyalty?
It erupts new life with the sound of thunder.

예언, 그 푸른 별의 잎맥
- 매헌 의지의 현시顯示

*(상략) 쓰라린 가슴을 부여잡고 압록강을 건넜다.
사랑스러운 부모형제와 애처애자와 따뜻한 고향산천을 버리고,
다언불요多言不要, 이 각오로 상해를 목적하고
내 귀에 쟁쟁한 것은 상해 임시정부 였다. 늙어지면 무용이다.
이 철권은 관棺 속에 들어가면 무소용無所用이다.
나의 철권鐵拳으로 적敵을 즉각으로 부수려 한 것이다.
여기에 각오는 별것이 아니다.
수화水火에 빠진 사람을 보고 그대로 태연히 앉아 볼 수는 없었다.
솔직히 말하자면 뻣뻣이 말라 가는 삼천리강산을 바라보고만 있을 수가 없었다.
나는 여기에 한 가지 각오가 있었다.
23세, 날이 가고 해가 갈수록 우리 압박과 우리의 고통은 증가할 따름이다.

죽을지언정
죽어 뼈마저 녹을지언정
싸울 것이다
이 싸움의 끝은 명료하다
나는 죽을 것이나
나의 철권은
죽어도 죽지 않고
태극기로 살 것이다

* 자서약력 : 매헌이 1932년 4월 27일 홍구공원을 답사하고 와서 백범 김구에게 써 드린 자서약력의 일부 인용.

Prediction, the Blue Star's Nervure
- The Clear Expression of Maeheon's Will

Even if I die,

even if all of my bones melt after death,

I will fight.

The end result of this struggle is as obvious as day.

I will perish

but my iron fists

continue to live on

as taegeukgi.

제3장

팔베개의 잠
Sleep of Arm Pillow

새벽의 횃대
- 1932. 4. 30. 시량리 매헌의 자택

저만치서 어둠이 머뭇거리며 생떼를 쓰고 있다 대문 열어 재낀 것은 그러나 축축한 습기를 지닌 어둠이다 어둠 헤치며 어둠이 어둠의 하복부를 걷어찼다 극한 통증에 신음을 발하기에는 어둠의 색조가 옴울하다 '윤우의를 낳아 기른 죄가 무겁고 무겁다'* 일군의 어둠이 전신을 물을 뜯는데 목바리 저한당 안 바깥마당에서의 무수한 폭행은 매헌의 부친에게 집중, 인사불성이 되도록 예산경찰서와 덕산주재소 경찰이 때리다 산 벚꽃 흐드러지게 만발하는 그 새벽, 아들이 거의 다 죽어가는 모습을 지켜본 안방거주의 매헌 조모는 신음소리도 없이 단번에 혼절하여 정신을 잃다 피투성이가 되어 쓰러져 있는 남편을 부축하려 뛰어나가는 매헌 모친도 주재소 순경 발길질에 나가떨어져 일어나지 못하다 한 집에서 무려 세 사람이 쓰러져 있는 상황을 듣고 본 집안 살림살이들도 여기저기 어지럽게 헝클어져 쓰레기인양 마당에 나뒹굴다

다시 또 새벽이
희끄무레하게 어둔
제 몸을
씻기라도 하려나
목바리 수탉들
연거푸 울기를 반복하다
새벽 울음에
부러진
때죽나무 횃대

* 예산 및 덕산주재소 일경들이 1932.4.30. 새벽, 매헌의 부친 윤황을 폭행하며 저한당 안마당에 무릎 꿇리며 한 말.

The Perch of Dawn
- At Maeheon's House in Siryang-r on April 30, 1932

Is dawn

trying to wash

its pale dark

body once more?

Mokbari's roosters

cry out repeatedly at dawn.

At the cry,

a snowbell perch

is broken.

광대모랭이의 어금니
- 매헌의 아우, 윤남의 말을 적다

나는 광대다 풀무 돌리고 곰배팔이 재주넘는 광대다
아침이다 매헌 가백家伯이 폭탄을 던진 의거 다음 날 아침이다
가야산이 움찔 한 번 흔들리는가 싶더니
덕산주재소 순사들이
갑자기 내게 달라붙어 발길질에 따귀 갈기며 폭행하다
나야 피 흘릴지라도 덕산 보부상 패거리들이랑
광대모랭에서 그냥 한바탕 놀 테지만
광대다 형님도 나도 부모님도 형수도 불쌍한 종淙이와 담淡이도
광대다 풀무질에 곰배팔이 재주넘는 어릿광대다
어설프고 어리숙하고 어리석어도
죽지 않고 살아서, 나는 꼭 살아남아서
멋지게 아주 잘 살아갈 거다 군홧발 개차반 놈들아

* 광대모랭이 : 광대들이 놀이를 벌이며 놀던 모퉁이로 시량리에 있다.
* 윤남의尹南儀 : 매헌의 실제. 재단법인 한솔회 발행《나라사랑》제25집. 1976.

Clown Moraengi's Molar
- Write down the Words of Yoon Nam-eui, Maeheon's Younger Brother

I'm a clown. I'm a clown who spins the bellows and does byeongsin chum.

It's early morning. It's the morning after my brother Maeheon's throwing a bomb.

Just as I thought Mt. Gayasan flinched,

Deoksan police officers charged at me, kicking and slapping me.

Even if I bleed, I'm a clown who should whoop it up

with the Deoksan peddlers at the clown moraengi.

My brother, my parents, my sister-in-law, my nephews, Jong and Dam are

now clowns who should work the bellows and perform byeongsin chum.

Even if they are clumsy, immature, and foolish,

they will be sure to survive

and have a wonderful life. Military Scumbags.

시량리 안뜸의 송화 松花
- 배용순, 울다

안개도 때로 제 폐부에 숨겨놓은 송화를 낸다
대치리 고을 산마을 사람들에서 발원한
대치천이 가야산·덕숭산 자락을 한 바퀴 휘돌아오다가
송화 피는 사월, 저한당 안뜰에 멈춰서
마당에 조약돌 던지고 있다
송골송골 맺힌 땀 훔치며 풍당,
메아리 없는 허공에 새하얀 조약돌 던지고 있다
뭇 주검에 몸을 덮는 무명천이 애써
시간이 떨어져나가는 소리를 애써 외면하다 결국 돌아서서
돌아서서 산마을을 감싸 안다
노랗게 짓물러터진 시량리 솔숲이 울고
거무튀튀한 몸통 흔들며 소나무가 흐느끼자
몸 부수어 가루로 흩어지는 시량리 안뜸의 송화

* 안뜸 : 시량리를 북풍으로부터 막아주는 역할을 하는 산언덕 아래의 마을의 별칭.

Pine Flowers in Siryang-ri Village Under Mountain

- Bae Yong-soon Cries

    Even fog can occasionally reveal the pine tree flower hidden deep within its heart.
    In April Daechicheon Stream, which originated in Daechi-ri village,
      runs around the foot of Mt. Gayasan and Mt. Deoksungsan
      to the yard of Jeohandang,
      where it stops to throw pebbles.
      plop! While wiping away beads of sweat,
      It throws white pebbles into the echolucent air.
      The cotton cloth that covers so many bodies
      ignores the sound of time running out. However, it eventually turning back to embraces the mountain village.
    Just as the yellow-macerated pine forest in Siryang-ri cries,
    and a pine tree sobs shaking its black trunk,
    the pine flowers in Siryang-ri village under mountain grind themselves to make powder and disperse.

포란抱卵
- 〈동아일보〉 호외

　독사 우글거리는 황무지 푸섶에서 얼기설기 풀잎 엮어 둥지 만들어 알 품고 있다 가까이 다가가도 미동조차 안하고 앉아서 알을 품고 있다가 기꺼이 월식의 나라로 날아갔다 충남 예산 시량리에서는 막 시작된 봄 못자리에는 신학문 탐독과 시 짓기, 부흥원교육과 농민운동으로 점철된

　남촌 아지랑이가 못자리에 볍씨 뿌리는 사월,
　하여튼 겨울을 난 새들은 둥지를 틀 것이다 온전히 알 품는
　어미 새는 보리밭 이랑에서 알들을 부화시킬 것이다

* 1932년 4월 30일 당시 국내언론 중에서 〈동아일보〉가 제일 먼저 호외로 매헌 의거소식을 알렸다.

Incubation
- The Extra Edition of the Dong-a Daily News

A bird was brooding eggs in a complex woven grass nest in the brushwood of the wilderness, which was infested with vipers. Even when I got too close, it remained motionless as it brooded the eggs, and later it gladly flew to the lunar eclipse land. Spring rice seeds have just begun in Siryang-ri, Yesan, Chungnam with new scientific research, poetry composition, enlightenment education at Booheungwon, and peasant movement.

In April, when the haze of the southern village sows seeds in rice seed beds.

The birds that have got through the winter will never fail to nest. The mother bird, which perfectly broods eggs, will hatch eggs in the furrows of a barley field.

열네 명의 아이들
- 매헌 모친의 절규

가슴에 닿는 수염이 반이나 뽑혀 없어지다
정신 못 차리게 때려 죽은 듯 쓰러져 있다, 저 양반,
봉길이 아범, 저 양반이 조석으로 그리도 소중하게
여기던 탕건과 갓이 땅바닥에 뒹굴고
머리칼이 흡사 귀신마냥 안마당 구석에서 풀어헤쳐졌네,
그럼, 그렇다면, 아범이 죽었고나
우리 봉길이 다 죽였겠구나, 아이고
내 새끼 봉길이 벌써 죽었겠구나, 아이고
이 땅에 새끼 열네 명을 젖 물린*
내 앙가슴 밀어 정주간에 내던지는 흉악스런 손길아
어디 한 번 더 나를 내 던지거라
한번이 아니라 백번이라도 내던지거라
봉길 죽고 지아비까지 죽일 양이라면 좋다
네 이놈들, 우선 나부터 죽이거라
수암산 묵정뫼에 앉아 낮잠 들곤 하던 저 양반
순한 목숨 끊겨 무덤에 들기 전
내 목숨부터 끊어버리련다 독한 순사 나부랭이들아

---

* 매헌의 막내 실제인 윤남의尹南儀 말을 인용함. 윤남의에 의하면, 매헌의 모친 김원상 여사는 모두 14명의 아이를 낳았으며, 이 중에서 7명은 잃고 장남인 매헌을 비롯하여 윤남의 등의 5남 2녀를 성장시켰다.

Fourteen Children
- The Scream of Maeheon's Old Mother

Half of his chest-length beard has been removed. He's been beaten out of his senses. my dearest.

The tanggun and got which my husband, Bong-gil's father, so cherished,

are rolling around on the ground.

In the courtyard corner, he has his hair untied and hanging loose like a ghost.

I got it, I understand what happened; my son died.

Bong-gil, my dear, must have passed away already. Oh my!

Bong-gil, my son, was already murdered. Oh!

Vicious Hands pushed my breasts fed to my 14 children and threw me in the jeongjugan.

Throw me once more.

Throw me away not once, but a hundred times.

I have nothing to fear if you intend to kill my husband as well as my son.

You cretin, kill me first.

Before my husband who would take a nap at an abandoned grave in Mt. Suamsan

goes into the grave,

I'm going to cut my life off first, Jerk policeman.

상해 임시 계엄령 선포

(현실이 아닌 꿈속의 일들이 벌어지고 있다 감히 중국 자국 내에서 중국 군을 궤멸시킨 일본군 육군대장 시라카와 요시나리 사령관, 그는 매헌의 폭탄에 전신을 강타 당한 상처와 핏방울을 안고 몽유병 환자이듯이 홀로 씨부렁대다가 비틀거리며 극심한 통증에 하루 밤을 꼬박 새우다 매헌 의거 다음 날 겨우 의식을 수습하자마자 상해 전역에 임시 비상 계엄령을 선포하 다 일체의 법령과 법집행은 법 우선이 아니라 일본군의 자의로 결정되다 상 해임시정부 요인들은 체포위기에 처하고 일본헌병대에 수감되어 있는 매헌 의 취조와 고문은 가혹하게 지속되었다)

가물거리는 의식도 의식의 시간대가 있다
의식이 몸의 주인이 되어 살아가는 시간이다
굳이 설명이나 형용하려 하지 말라
주검이 찾아오는 시간을 정확히 짚어내는 것이 의식이다
기저에는 신비로운 환영을 품고 사는 의식은
의식의 방식대로 하루라는 시간을 살다가
살아내다가 마침내 운명을 결정하기 시작하여
기적소리 울리며 영원의 본향으로 돌아가다

* 임시 계엄령 : 일본 상해주둔 사령부는 매헌 의거 익일에 임시 계엄령을 발하다. 이 계엄령은 7월까지 지속된다.

Proclamation of Provisional Martial Law

Sometimes a hazy consciousness becomes distinct.
It's time for consciousness to take control of the body.
Try not to explain or describe it.
It's a consciousness to predict exactly when to die.
Consciousness with an inherent mysterious fantasy
lives a day in its own way.
Then it finally decides its fate
and returns to its eternal hometown, honking a horn.

몸으로 던진 의거
- 홍구공원 의거를 다룬 세계의 신문기사

의거를 보도한 동아일보를 읽으며 공포심을 느꼈다
홍구공원 장거를 지켜본 일본인 기자는 더 공포심을 느꼈다
일본의 영웅, 이토 히로부미가 그렇듯이 죽는다,
대한민국 침략하면 죽는다,
몸을 던져 몸으로 터트리는 폭탄에 맞아 간다
뉴욕 이브닝포스트, 런던 타임즈, 런던 데일리 뉴스가 보도했다
일본 신문은 연일 대서특필했다
뻐꾸기가 산야를 쳐대는 봄이 익어갈 무렵이었다

* 이토 히로부미(伊藤博文, 1841.10.16~1909.10.26.)는 에도 시대 후기의 무사(조슈 번사)이자 일본 제국의 헌법학자, 정치가이다. 일본 제국의 초대 내각총리대신이며 조선통감부의 통감을 역임했다. 메이지 유신 이후에 정부의 요직을 거쳤으며, 일본 제국 헌법의 기초를 마련하고, 초대·제5대·제7대·제10대 일본 제국 내각 총리대신을 역임했다. 또한 초대·제3대·제8대·제10대 추밀원 의장, 조선통감부 초대 통감, 귀족원 의장, 관선 효고현 지사 등을 지냈다. 입헌정우회를 결성해 원로로 활동했다. 대훈위 종일위(從一位)를 받고, 작위는 백작이며, 사후 공작으로 추증되었다. 영국 런던 대학교 유니버시티 칼리지에 유학하여 화학을 공부하였으며, 훗날 미국 예일 대학교에서 명예 법학박사 학위를 수여받았다. 1887년부터 1889년 2월까지 약 3년간에 걸쳐 일본 제국 헌법 제정 작업에 참여하였고, 1886년부터는 여성 교육의 필요성을 역설하여 일본 내에서 각 학교에서 여자 학생을 받아들이고, 여자 대학을 창설하는 계기를 마련하였다. 아명은 리스케[利助]로, 후에는 슌스케[俊輔, 春輔, 舜輔]로 불렸다. '슌보春畝'나 '소로카쿠슈진'이라고 불렸으므로, '슌보공春畝公'이라고 쓴 것도 많다. 1909년 10월 26일 하얼빈 역에서 한국인 안중근이 쏜 총탄 3발을 맞고 피격 20여 분 만에 사망하였다.

Heroic Deed by Throwing the Entire Body
- Newspaper Accounts of Hongkou Park Bombing from Around the World

People were terrified after reading the Dong-A Ilbo, which reported the heroic act.

A Japanese journalist who witnessed the Hongkou Park incident was even more terrified.

Hirobumi Ito, Japanese hero, died in this manner.

You'll die if you invade Korea.

You'll be killed by a bomb that explodes when the entire body is thrown at it.

The incident was covered by the New York Evening Post, the London Times, and the London Daily News.

Every day, it made the front page of the Japanese newspaper.

It was ripening spring when cuckoos banged out in a mountain.

독립평론

　한 청년이 두 팔을 흔들자 물병 하나가 검열대로 날아가 우레와 같은 굉음을 내며 폭발되었다. 그 소리는 천지를 진동하는 우렁찬 폭발소리였다. 검열대에 있던 사람들이 폭발 소리와 함께 모두 쓰러졌다. 이 때가 바로 11시 40분이었다. 가와바다(거류민단장). 이 자는 일본 상업회의소 소장인 요네사토와 함께 상해의 민간 흉적이다. 시복경찰대장을 겸한 이 자는 일본 낭인들을 조종하여 삼우실업공사의 공장 방화를 단행하였고 살인을 감행하였다. 그는 복부에 총상을 입고 당장 숨을 거두었고 상하이를 침략한 총사령 시라카와는 몸에 30개의 파편이 박혀 있고 작은 파편은 부지기수이다. 그는 5월 26일 상하이에서 숨을 거두었다. 제3함대 사령관 노무라 중장은 눈알이 튀어 나와 한 눈이 실명하게 되었다. 제9사단장 우에다 중장은 발 하나를 절단했다. 중국주재 일본 공사 시게미즈도 발을 다쳤는데 죽음은 면하였지만 평생 불구자가 되었다. 이밖에 상하이 총영사 무라이와 민단서기 도노모 및 일본 여성과 일본 병사들이 부상을 입었다. 왜놈들은 그 즉시 난장판이 되어 21방의 예포도 한 방밖에 쏘지 못했다. 순식간에 장엄한 경축장이 참담한 염라전으로 변했다. 이것은 일본 제국주의의 몰락을 선고하는 포 소리이며 이는 살인 방화자를 징벌하는 청천벽력이었던 것이다.*

끝 모르는 무력감에 허탈해하며
허우적거리는 형상의 임시정부,
그 헝클어진 머리칼을 단숨에 반듯하게 빗어 넘긴
신비로운 청년을 거론하며

삼천리강산에 내리는 진달래 꽃비인 양
임시정부 요인들
이동녕, 조소앙, 조완구, 김철, 김구는
가흥 임시정부 호수가 청사에서
잔을 드높이 들며 외치다
'윤 동지 고맙소, 정말 고맙소'

* 독립평론 : 한국독립당 선전부韓國獨立黨宣傳部에서 발행한 홍보지
* 「독립평론」의 기사 일부 인용

Independence Review

The dejected provisional government,
floundering in a sea of helplessness.
A mysterious young man
who immediately combed up its tangled hair.
Remarking the man,
the key figures of the provisional government
as if it were azalea flower rain falling across Korea.
Lee Dong-nyeong, Jo So-ang, Jo Wan-gu, Kim Cheol, and Kim Gu
yell in the provisional government building in Jiaxing,
holding a glass.
"Thank you, comrade Yoon. Thank you incredibly much."

입속의 칼
- 매헌, 일본군사령부 감옥에서의 절규

목 떨어져 의병들 죽고
독립만세 부르던 조선 소녀들 젖가슴이 죽고
백성이 굶어 죽어나가고

죽고 죽어 오래된 나라 빼앗겼으나
혼마저 다 빼앗긴 건 아니다

내가 던진 폭탄은 내 영혼의 현상,
이천만 동포의 열망을 터트린 부활이다

A Knife in the Mouth
- Maeheon's Scream in Japanese Military Command Prison

The head of righteous armies were severed.

The bosoms of Joseon girls who yelled for Korean independence perished.

Joseon died of starvation.

After dying and dying, the country of old history was deprived, but its soul was not.

The bomb I threw is a revelation of my soul.

It's a revival of aspirations of 20 million compatriots.

유골의 증언
- 매헌, 고문으로 실신하다

일곱 개의 뼈가 내 몸에서 사라졌다
인체의 유골 208개 중에서
일곱 개의 뼈를 부수어 빼내어 버리다
내가 내 몸에 유지하고 운명한 뼈는 고작 201개뿐이다
일본 군경들이 맨 먼저 한 고문은 손가락뼈를
마치 담배 각에서 담배개비 한 개 빼듯이
빼내어 부쉈다
자주 불인두로 허벅다리를 지졌다 누군들 버틸까
뻐꾸기 우는 새벽, 옥 안의 일이라
누구도 아는 사람은 없지만 혼절하길
반복하다
가감 없는 고문의 실상이다
내 뼈는 그렇게 하여
상해일본군사령부에서 오사카 수금소囚禁所에서
극도의 무감각 속에서 실종되었다

* 201개의 뼈 : 매헌의 가나자와 유해를 발굴 당시에 인체의 총 208개 유골뼈마디 중에서 7개가 분실된 201개를 수습하다.

Testimony of the Remains
- Maeheon Faints from Torture

Of the 208 human remains,
seven bones were missing from my body.
Seven bones were broken and thrown away.
I only had 201 bones when I died.
Japanese military police tortured me
by removing my finger bones
as if they were picking up one cigarette from a carton.
A hot iron often seared my thighs. Who could withstand it?
No one realized he had
frequently fainted
in the prison until the cuckoo calls at morning.
It's a true depiction of the torture.
That's how my bones disappeared
at Shanghai Japanese military command and the Osaka camp
in extreme numbness.

냉소 冷笑

상해 주둔 일본군 수금소의 사월 스무아흐레 날 밤
다 죽어가는 청년 윤봉길의 신음이
청년 윤봉길을 데리고 덕산천변을 걸어가다
삽다리 걸어오던 도로 그 길 따라 덕산천변 걸어 올라가서 꿍,
시량리 고염나무골 골짜기에
만신창이 목숨 하나 털썩 내려놓다
내 목숨은 그러니까 내 그리운 고향에 묻은 거다
거죽에 지나지 않는 몸이 만나는
이승 떠난 몸이 만나는 목바리 청년정신인가
대한민국 태극기 정중앙에 뜬
맑은 물소리 내며 흐르는 대치천과 마주한 새벽별

A Cold Smile

On the night of April 29 at the Japanese military custody,
where the agonizing moan of Yoon Bong-gil, a dying young man,
walked along Deoksancheon Stream with young Yoon Bong-gil.
After retracing the Sapdari bridge they were walking on, the moan walked up the Deoksancheon Stream
to plank a life covered all over with wounds down
in the valley of Goyeomnamugol Valley in Siryang-ri.
In this way, I buried my life in my achingly beautiful hometown.
Is it a young spirit of Mokbari for the emaciated body
to meet the body on the last journey?
The morning star in the center of the Korean national flag
faces Daechicheon Stream, which flows with a clear sound of water.

팔베개의 잠

그러니까 저 일정한 거리를 왔다가 쏜살같이 도로 가는
창어의 몸짓으로
문 열면 만나는 서해바다에서 튀어 오르는 갯숭어
속박, 그리고 매너리즘을 척살하며
베어주는 팔베개,
잠들지 못하는 나를 재워주는

Sleep of Arm Pillow

Let me say a few word. with the gesture of a pomfret
that rushes back and forth a regular distance,
a gray mullet jumps out of the West Sea wherever you can see
When I can't sleep, an arm pillow
with the fetters and mannerism stabbed to death
puts me to sleep.

시량리 수탉

– 1932. 4. 30. 시량리 매헌의 자택

저만치서 어둠이 어둠에 머물겠다며 생떼를 쓰는가
대문을 열어 제낀 축축한 어둠의 습기가
어둠을 헤치며 어둠에 다가와 하복부를 걷어찼다
극한 통증의 신음을 발하기에는 어둠의 색조가 밤송이 같다
'윤우의를 낳아 기른 죄가 무겁고 무겁다'
저한당에서 일경의 무차별 폭행이 매헌의 아버지에게 집중,
인사불성이 되도록 덕산주재소 순포가 때렸다
산 벚꽃 흐드러지게 만발하는 사월의 그 새벽,
장독 같은 아들은 지금쯤 거의 다 죽어가는 형국일시 분명하다
매헌을 낳은 아랫배 치며 시어머니 통곡하고*
안방의 매헌 조모는 단번에 혼절하여 정신을 잃다
울면서 쓰러진 남편을 부축하려 뛰어나가는 매헌 모친이 다시
일경 발길질에 멀리 나가떨어져 쓰러져 있다
집을 지키는 능구렁이조차 꼼짝 않는 새벽,
마지막 어둠이 어둠 속에서 희끄무레한 몸을 씻기라도 하는지
시량리 수탉이 수암산 떠나가라 횃대를 치며 울고 있다

---

* 그해 스물아흐렛날이다. 우리 집에는 수많은 일본경찰과 신문기자들이 몰려왔다. (중략) 나는 아이들을 챙겨서 방에 들어앉히고 이를 악물었다. 모질게 마음을 다잡아먹자고 스스로 타일렀다. 정말이지 눈물 한 방울 흘릴 겨를이 없었다. 기자들은 사진기를 내 쪽으로 겨누고 정신없이 눌러 댔고 경찰들은 옆구리에 칼을 철거덕거리며 구둣발로 방마다 들어가서 뒤지기 시작했다. 시어머니는 "날 죽여라, 날 죽여다오" 하고 경찰들에게 악을 썼다. (중략) 몇날 며칠을 끊임없이 경찰과 기자들에게 시달렸다. 기진하다시피한 시부모들과 놀라서 어찌 할 바를 모르고 떨고 있는 시누이들과 내 자식들이 가엾고 가여워서 그들을 보고 있으면 그대로 꼬꾸라져 죽어 버리고 싶도록 괴로웠다. (「털어놓고 하는 말」, 《뿌리 깊은 나무》, 1978년 발행. p.186에서 인용)

The Siryang-ri Rooster

Did the darkness stubbornly persist in remaining in the darkness?
Damp moisture of darkness threw open the gate,
crept through the darkness, and kicked its lower abdomen.
The darkness was too dark, like a chestnut, to utter an agonizing moan.
"It is such a heavy sin to give birth to and raise Yoon Woo-eui."
Police officers at the Deoksan Police Substation
indiscriminately assaulted Maeheon's father to become unconscious.
At this dawn in April when the cherry blossoms are in full bloom,
it is clear that my son, like Korea crock, is dying now.
Maeheon's mother wailed while hitting the belly that gave birth to Maeheon,
and his grandmother passed out on the spot in the master bedroom.
His mother was knocked down by the police officers' kicking
as she ran crying to support her fallen husband.
At the dawn, when even the yellow-spotted serpent that guarded the house was still,
as if the last darkness had washed its pale body in the dark.
Siryang-ri rooster was shaking a perch and crying loudly enough to drive Mt. Suamsan away.

화월
- 시라카와 요시노리 죽다

맨발로 용광로 속 걸어왔다
맨 주먹으로 중국을 진동하는 무용으로
상해를 점령해버렸다
일본 육군대신을 지낸
일본 최대의 지장智將,
육군대장에 상해주둔 일본군 사령관이던 시라카와 요시노리가
시량리 청년이 꺼낸 명부冥府의 블랙홀에
단번에 흡입되다,
늦게 하현달 떠오르고
씨익, 시량리 청년이 웃자
일본 천황이 어주御酒를 내려
건강 기원한 시라카와 요시노리를 그 누구도 볼 수 없다
노곡천 물줄기인가
청년 따라서 피는 화월花月

* 시라카와 요시노리 : (白川義則, 1869.1.24.~1932.5.26.)는 일본 제국 육군의 군인이다. 상하이 파견군 사령관· 관동군 사령관· 육군 대신· 군사 참의관 등 일본의 여러 요직을 역임한 군인으로, 1932년 4월 홍커우 공원에서 벌어진 천장절 축하 행사에서 윤봉길이 던진 폭탄에 맞아 중상을 입었고 1932년 5월, 폭탄으로 인한 중상으로 사망하였다. 사망시간은 오전 7시 40분, 한편, 일제는 시라카와 사령관의 죽음에 대한 복수로 윤 의사를 이 시간에 맞춰 1932년 12월 18일 오전 7시 15분 총살, 40분에 사형 확인하다.

Flowers and the Moon
- Shirakawa Dies

    I walked through the melting pot barefoot. Shanghai was taken over
  by the heroic exploits of the bare fist that shook China.
  Japan's wisest general
  who was a Japanese army minister.
    Shirakawa, a general of the Japanese Army and commander of the Shanghai Expeditionary Army,
  was immediately sucked
  into the black hole of the underworld opened by Siryang-ri young man.
  A waning moon rose up late,
  and Siryang-ri young man grinned
  Then, Shirakawa, given a drink for his health by the Japanese emperor disappeared.
  Is it the stream of Nogokcheon Stream?
  Flowers and the moon bloom after the young man.

판결서

새벽 하늘빛을 품에 안고 붉게 눈 뜨는 황토에서
스물다섯 살에 포승줄 묶여
약관의 스물다섯 살에 일본 땅 가나자와에 몸 뉘였을지라도
스물다섯 해를 써 내려간 땅 속 눈동자 빛나라

쓰레기장 가는 길 땅속에서 다시 살아나는 암장暗葬!

* 「판결서」는 1932년 5월 25일 상해파견군군법회의에서 윤봉길 의사에게 사형을 판결한 문건이다. 윤봉길 의사는 상해에 있는 일본군 군법회의에서 재판을 받았다. 재판은 상해파견군 군법회의에서 이루어졌다. 군법회의는 재판장 판사 육군공병 중좌 복무효태랑, 재판관 육군법무관 대총조, 재판관 판사 육군치중병 대위 정전용에 의해 진행되었다. 여기에 수록한 판결서는 1932년 7월 8일자로 일본 외무차관이 해군차관에게 보낸 것이다. 1932년 6월 20일자로 상해 총영사가 외무대신에게 판결서를 보냈고, 그것을 다시 7월 8일자로 외무차관이 해군차관에게 보냈다.
판결서는 윤봉길의 본적과 주소(상해 불조계 패륵로 동방공우 30호), 이름과 출생 시기를 명기하였고, 죄목과 주문·이유로 구성되었다. 윤봉길 의사에게 적용된 죄목은 살인과 살인미수, 그리고 폭발물취체벌칙위반이다. 주문은 "피고인 윤봉길을 사형에 처한다. 압수물건 중 도시락상자 형 수류탄은 압수한다"로 되어 있다.
판결서의 '이유'는 사형을 선고하는 이유를 밝힌 것이다. 그 내용은 크게 네 부분으로 구성되어 있다. 하나는 윤봉길이 폭탄을 투척하기까지의 과정을 언급하였다. "피고인은 수년전부터 조선이 역사 풍속을 달리하는 일본 통치하에 있음을 불합리라 하여 조선민족을 위해 그 독립을 회복할 것을 열망하고 드디어 조선독립운동에 진력할 목적으로 고향집을 나왔다"며, 윤봉길이 1931년 8월 상해에 도착한 이후 의거를 결행하기까지의 과정을 서술하고 있다.

둘째는 폭탄의 투척으로 인해 일본 각계의 요인들이 입은 피해상황을 언급하였다. 백천 대장과 식전 중장을 비롯하여 해군중장 야촌길삼랑, 주중전권공사 중광규, 상해총영사 촌정창송, 상해거류민단행정위원회위원장 하단정차, 민단서기장 우야성 등에게 중상을 입혔고, 그 중 하단정차는 30일 오전 3시 10분에 사망에 이르렀다고 하였다. 그러나 백천 대장과 식전 중장에 대하여는 살해의 목적을 달성치 못하고 현장에서 체포되었다고 설명하고 있다. 육군대장 백천의칙은 군법회의에서 윤봉길에 대한 판결이 있은 다음날인 5월 26일 사망하였다.

셋째는 윤봉길에게 사형을 선고한 근거와 사실을 설명하였다. 그 근거와 사실은 모두 7가지였다. 피고인의 공술, 증인 우야성의 공술, 증인 리강수남의 예심신문조서에 기재된 내용, 제3함대 부관 수야공조의 회답서, 돈궁관이 작성한 하단정차의 감정서, 백천의칙·야촌삼랑·식전겸길·중광규·촌정창송· 우야성의 진단서 등이 그것이다.

넷째는 사형을 선고한 법조문에 대한 설명이다. "사람의 신체를 해할 목적으로 폭발물을 사용한 행위는 폭발물단속벌칙 제1조"에, "그로 인하여 사람을 죽인 것은 형법 제199조"에, "이를 수행하지 못한 것은 동법 제203조와 제199조"에, "사람의 신체를 상하였음은 동법 제204조"에 각각 해당한다고 하였다. 그리고 "살인·살인미수·상해는 하나의 행위로 수개의 죄명에 저촉하므로, 동법 제54조 제1항 전단 제10조에 따라 살인죄의 형이 가장 무거우며, 형법 10조를 적용하여 그 무거운 폭발물단속처벌규칙의 형에 따라 사형을 선택하여 피고인 윤봉길을 사형에 처할 것"이라 하고 있다.

Judgment Statement

In the red clay that opens its eyes red with the early morning sky in its arms,
  Machconn lay tied to a rope
  in Kanazawa, Japan at the age of 25 in his prime,
  May the 25-year-old eyes under the ground shine brightly.

The secret burial that revives in the ground on the way to a garbage dump.

달그림자의 순장 殉葬
- 1932. 5. 25., 매헌, 상해 군사법정에서 단심제로 사형선고 받다

원래 나의 출생은 죽음에 귀속되었다
다만 타의에 의하여 죽음을 강제하는 건 부당하지만
대한민국이 국권을 빼앗기고
백성들이 자유를 상실하였으니
둥지 잃은 새가 어찌 안녕을 바랄 것인가
백천 대장이 임종하기 이전에
나의 죽음으로 마중하게 하거나 나를 순장시키기 위하여
명줄을 거두어간다 한들 어쩔 것인가
망국민으로 고요히 미소를 지을 뿐,
담담하고 고요히 사형판결을 수용한다
오월이 싱그러운 초록 치마를 펼치는
봄, 그것도 음력 사월 스무날* 달 밝은 밤

* 음력으로 사월 스무날, 이 날 매헌은 상해 일본군 군사법정에서 단심으로 사형판결 받다. 백천이 임종하기 하루 전날이었으며 홍구공원 의거 한 달도 채 안 된 시점의 일이다. 이토 히로부미를 죽인 안중근 의사가 9개월간의 재판과정을 거친 것과 대비되는 이런 급격한 사형 판결은 매헌을 백천의 무덤에 순장시키려는 일제의 음모가 내재되어 있다.

Moon Shadow Buried Alive with Maeheon
- On May 25, 1932, Maeheon Is Sentenced to Death in the Military Court's Single-Trial System

From the start, my birth was vested in death.
Still, it's unfair that others have control over your life.
When Korea lost its national sovereignty,
the people also lost their freedom.
How can a bird that has lost its nest be peaceful?
Before general Shirakawa dies,
what if they kills or bury me alive with General Shirakawa
before he dies
so that I can meet him in the afterlife?
As a ruined people, I only smile
and accept the death penalty calmly and quietly.
In spring when May spreads its fresh green skirt,
it's bright moonlit night on April 20 of the lunar calendar.

정화암 鄭華巖

상해에서 자주 만났지요, 앞으로는
무궁화 만발한 자유조국,
사유내한에서, 자유대한의 숨결 속에서
자주 만나자고요, 무덤은
만주벌판에서 상해에서
가나자와 현의 암장도
어둠을 부수며 빛날 것이고요

* 정화암鄭華巖 : 전라북도 김제 출신(1896~1981)의 독립운동가이자 정치가이다. 정윤옥鄭允玉 또는 정현섭鄭賢燮으로도 불렸던 정화암鄭華巖은 1896년 전라북도 김제에서 출생하였다. 1919년 3·1운동에 참가하였고, 1920년 미국 의회사절단이 내한하자 일본의 침략상과 학정을 알리는 활동을 하다가 일본 경찰의 추격을 받고 1921년 10월 중국 북경으로 망명하였다. 정화암은 1924년부터 상해에서 이회영·신채호 등과 교유하며, 조국의 광복은 무력 투쟁으로만 가능하다고 판단하여 폭탄 제조 기술을 습득하고 군자금 확보 방안을 강구하였다. 1928년 안공근安恭根, 이정규李丁奎, 한일원韓一元, 이을규李乙奎 등과 재중국조선무정부주의자 연맹을 결성하고 동방무정부주의자연맹에 가입하여 활동하였다. 1930년 4월 신현정申鉉鼎·최석영崔錫榮 등이 천안의 호서은행에서 5,700원의 자금을 가져오자 유자명柳子明·이달李達·이하유李何有·오면식吳冕植 등과 함께 재중국무정부주의자연맹 상해부를 조직하였으며, 남화한인청년연맹을 조직하여 본격적인 무력 항쟁을 도모하였다. 1931년 조직을 강화하고 상해 등지에서 친일배와 전향자 등을 색출하여 암살 대상으로 지목, 결정하고 실천하게 하였으며, 또한 각국의 무정부주의자들을 구성원으로 흑색공포단을 조직하여 일본 영사관과 병영에 폭탄을 던지는 등 무력 투쟁을 계속하였다. 1936년부터는 남화연맹의 기관지 《남화통신南華通信》을 매월 발간하여 항일의식을 고취하였으며, 맹혈단이라는 별동대를 조직하여 무력 투쟁을 선동하였다. 1937년 9월 중국인 무정부주의자를 규합하여 중한청년연합회를 결성하는 한편《항쟁시보抗爭時報》를 발간하여 한·중 양 국민의 공동 투쟁을 도모하였다. 1940년부터 이강李剛·신정숙申貞淑·전복근全福根·강치명姜治明 등과 함께 상해 방면에서 활동하며, 광복군의 현지 책임자로서 중국에 주둔하고 있던 미 공군에 미영 포로수용소의 소재를 확인하여 보고하는 등 정보활동에 기여하였다. 1946년 상하이 한인인성학교 이사장, 상하이교민단 이사 등을 역임하였다. 그 후 귀국하여 1958년 민권수호연맹 지도위원, 1959년 사회대중당 지도위원, 통사당統社黨 최고위원을 역임하고, 1973년 통일당 최고위원, 1974년 통일당 상임고문에 추대되었다. 저서로 는『나의 회고록』이 있다. 1983년 건국훈장 독립장이 추서되었다.

Jeong Hwa-am

We often met in Shanghai. From now on,
let us meet often in our independent country,
free Korea, which is full of Mugunghwa,
the breath of the independent country. The grave
will shine brightly in the Manchuria field, Shanghai,
and the secret burial site in Kanazawa,
breaking the darkness.

불필요한 답변
- 김동우 동지께 드리는

일본인이 아닌 이상 그 누구를 경원시할 일 있소?
누구를 미워하거나 경멸하는 일이야 가당키나 하오?
미주사회에서 애쓰시는 분인 줄 알고 있긴 하오
그렇더라도 내가 헌시獻詩를 써서 드린 분,
아니, 그 분을 빼놓고 누구를 제일 존경한단 말이오?

* 김동우(金東宇, 1896.1.8.~1988.8.28.) 경남 남해南海 사람이다. 1919년 3월 1일 서울의 탑골공원에서 독립선언식을 거행하고 만세시위가 전개될 때 적극 참가하였다가 일경에 피체되어 2년여의 옥고를 치렀다고 하며 출옥 후 중국으로 망명하여 1923년 금릉대학金陵大學을 졸업하였다. 그 후 김동우는 미국으로 건너가 흥사단興士團 단원으로 활동하며 미주에서 도산島山 안창호安昌浩의 독립운동을 지원하였다. 또한 독립운동을 위한 자금 모집에 앞장서는 한편 자신도 꾸준히 인구세·의무금·국민부담금·광복군후원금·국방공채·독립금 등을 출연하면서 독립운동을 지원하였다. 그는 1937년 12월 대한인국민회大韓人國民會 상항지방회桑港地方會 서기 및 지방대표에 선임되어 국치기념일國恥紀念日, 순국선열기념식殉國先烈記念式 등을 주도하였으며, 1941년 이후 대한인국민회의 중앙집행위원, 서기 등으로 활동하였다. 1941년 말 태평양전쟁이 발발하자 뜻있는 미주의 한인들은 이때를 조국 독립의 기회로 포착하고 무력 양성을 위한 계획에 착수하였다. 그리하여 1941년 12월 재미한족연합위원회在美韓族聯合委員會 집행부는 한인국방군 편성계획을 미육군사령부에 제출하고, 로스엔젤레스에 한인국방경위대로서 맹호군猛虎軍을 창설하였다. 이들은 이러한 계획을 중경의 대한민국 임시정부에 알려 1942년 2월 정식 인준을 받아낼 수 있었다. 그는 이러한 맹호군의 상항지대원桑港支隊員으로 활동하였다. 정부에서는 고인의 공훈을 기리어 1997년에 건국훈장 애족장을 추서하였다.

Unnecessary Answer
- To Comrade Kim Dong-woo

If it isn't not Japanese, who else do I try to avoid?
Is it absurd to dislike or despise someone?
I know you put in a lot of effort in Korean American society.
Even so, who should I respect the most besides the person
to whom I dedicated a poem?

성재省齋의 악수

우리가 조국을 되찾고 조국 땅을 밟게 된 것이 모두 윤 의사의 덕이요. 우리 임시정부와 윤 의사를 비겨서 말하자면 갓 난 어린이가 깊은 연못에 빠져서 금방 가라앉는 위급한 찰나에, 윤 의사가 위험을 무릎 쓰고 물속에 뛰어들어 이 어린이를 번쩍 건져 구해주었소. 이 어린이가 자라서 오늘 삼 천리강산을 달리고 있는 것이오.*

나는 거름이라오, 썩어서
곡식을 살찌울 퇴비라오
독립정신과 광복군 역시 비료,
꿈꾸는 노적가리라오

---

* 성재省齋 : 이시영李始榮 선생의 호. 이시영은 1869년(고종6) 출생하여 1953년 운명하였다. 일제강점기 대한민국임시정부 국무위원, 한국독립당 감찰위원장 등을 역임한 독립운동가. 정치인으로 외부교섭국장, 한성재판소장, 대한민국임시정부 국무위원, 대한독립촉성국민회 위원장, 대한민국 초대 부통령을 지냈고 운명하여 9일 국민장으로 장례를 모셨으며 1949년 건국공로훈장 대한민국장이 수여되었다.
* 성재가 1945년 12월 2일 죽첨장(경교장)에서 윤남의, 윤종을 만난 자리에서 한 대화 인용.

Seongjae's Handshakes

I'm manure. After rotting,
I'm a compost to fatten the grain.
Independence spirit and the Liberation Army are fertilizers
and dreaming stacked grain.

소해의 회고

임정 얘기가 나왔으니 하는 말인데, 1932년에 이봉창 의사의 의거와 윤봉길 의사의 의거, 특히 윤 의사의 의거가 있기 전에는 임정은 참 외로웠습니다. 장개석이 임정을 아무것도 아닌 것으로 알고 동전 한 푼 안 도왔습니다. 윤 의사를 보고서야 장개석이 전적으로 돕기 시작했던 것입니다. 집이라든지 양식이라든지 정식으로 도와주기 시작했지요.*

대문 앞 잡초를 뽑을 뿐,
당연히 내가 사는 집 앞길은 내가 쓸고 닦아도
길가에 무궁화 피고 하늬바람이사
땅 끝에서 올라오는
봄물의 일, 빈 앙가슴에 툭툭 떨어지는
자장가 소리, 어머니의 젖가슴이 키우는 자장가 노래,
꼭 그런 일을 하고 가신
청년 매헌의 바튼 기침소리가 선명해
엊그제 일이듯 또렷하지

* 소해宵海 : 장건상張建相의 호. 장건상은, 1882년 12월 19일, 경북 칠곡漆谷에서 출생하여 1974년 5월 14일 운명하다. 일찍이 1916년 동제사 가입하여 활동한 이래, 1919년 대한민국 임시정부 참여, 임시의정원 의원, 대한적십자회 상의원, 1921년 의열단 및 이르쿠츠크 고려공산당 관여, 코민테른 3차 회의 참석, 군사통일회의 발기인, 1922년 극동인민대표대회 참석, 1923년 국민대표회의 참석, 1926년 대독립당 조직 북경촉성회 참여, 1927년 한국독립당관내촉성회연합회 상무위원, 1935년 민족혁명당 참여, 1942년 임시정부 국무위원 1986년 건국훈장 대통령장 동제사, 대한민국 임시정부, 임시의정원, 대한적십자회, 의열단, 이르쿠츠크 고려공산당, 군사통일회, 민족혁명당을 관여하였고, 부산직할시 중구에 광복회 회장 이강훈을 중심으로 '소해 장건상선생동상건립위원회'가 세운 소해 동상이 서 있다.
* 김학준『혁명가들의 항일 회상』(민음사) 중에서 인용.

Sohae's Retrospection

I simply remove the weeds in front of the gate.
It's natural for me to sweep the path in front of my house.
On the other hand, it is the duty of warm spring up from deep within the ground
to cause Mugunghwa to bloom along the roadside and the west wind to blow.
It is a lullaby, a song that rises from a mother's bosoms
and falls into a thin heart.
Young Maeheon acted in the same way that warm spring does.
I recall his short coughing
as clearly as if it were yesterday.

배용순의 재봉틀

따그닥따그닥 말발굽 달리는 평원平原, 나는
저 광활한 평원에 나의 슬픔을 풀어 놓는다 바람 속을
달리면서 실컷 울고 수다 떨다가
따그닥 따그닥 말발굽 달리는 대지에서 나는
나의 젖가슴을 단단히 졸라매고
급기야 나를 소멸시키기 위하여 밤을, 밤의 그 어둠을
촘촘하게 시침屍枕하곤 한답니다, 나를
그저 무용한 나를 꿰매어 흔적조차 없애버리고
광활한 우주에 나도 한 점 먼지로 사라지고 있다

* 재봉틀 : 매헌이 상해로 갈 여비가 어느 정도 모였을 때다. 한일진이라는 청년이 미국으로 망명하려는데 여비가 부족하다 하여 그간 모은 돈을 전부 그에게 주었다. 이 사실은 자필이력서에는 나타나 있지 않으나 의사의 상해 의거 소식을 듣고 한일진이 미화 300불을 고향 부친 윤황에게 송금하여 알게 된 일이다. 가족은 이 돈의 용도를 상의한 끝에 아래채를 짓기로 합의했고, 그 아래채가 바로 충의사 내 '저한당'이며, 이 돈에서 배용순은 조금 떼어서 재봉틀을 사서 바느질을 하였다.

Bae Yong-soon's Sewing Machine

The sound of horses' hooves on the plain. I
release my sadness on the vast plain. As I run
in the wind, I cry and chat a lot.
On the earth where horses clatter, I
tighten my breast hard
and finely stitch the darkness of the night
in order to perish at the end. After myself
stitching to remove even my traces,
I'm disappearing into dust in the vast universe.

옥중 청취서
- 행간에 숨은 말

나 혼자는 여리지만 물살 보라
도중도 물살을 바라보거라 작은 품으로
두 물받이 하천을 이루지 않느냐
고요히 흘러가는 물줄기가
서해바다 푸른 파도 힘줄을 이루지 않느냐
나 혼자는 연약하지만 백범을 보라
온몸으로 불길 피워 올리지 않느냐
나는 비상한 방식으로 비상한 꿈을 이루고자 하노라
너희들 일본제국은 원수다
대체 너희가 무슨 권한으로 재판을 하느냐
폭압에 의하여 오사카로 끌려와
폭정 이기지 못하고 숨질 것이냐
나는 도중도 걸고 끝까지 싸울 것이다
절대로 타협 없이 싸울 것이다
살아서는 물론 죽어서도 싸울 것이다

* 청취서 : 1932년 10월 11일 상해파견헌병대에서 육군사법경찰관 육군헌병군조 스토오(수등 정일랑)가 일본 오사카 육군 형무소옥사에서 윤봉길 의사의 진술을 기록한 것이다. 이 청취서는 "관병식장에 폭탄을 투척하기 전에 유서를 쓴 일이 있느냐"는 질문에, 윤봉길이 "사건의 명령자인 김구의 요구에 따라 나의 약력과 감상 등을 써서 넘겼다"는 대답으로 시작되어, 유서와 관계된 진술을 기록하였다. 이에 의하면 윤봉길은 4월 27일 관병식장을 미리 조사하고 돌아온 후, 김구가 자신의 거주지인 동방공우로 찾아와 "이것이 너의 최후이니 너의 경력과 감상을 쓰라"고 하여, 평상시 사용하던 수첩에 연필로 2시간 반에 걸쳐 작성하였다고 한다.

The Statement in Prison
- Hidden Words in the Lines

I'm clumsy on my own. However, look at the water current.
Take a look at current of Dojoongdo. Two streams enter
into its small chest.
The calm water stream
forms the sinew of blue waves in the west sea.
I'm helpless on my own, but look at Baekbeom.
He built a fire with his whole body.
I want to realize my unusual dream in an unusual way.
Japanese Empire, you are my adversary.
What gives you the right to pass judgement on me?
I was coerced into coming to Osaka
and will die from torture.
I will fight for Dojoongdo's honor until the end.
I will not back down from a fight.
I will fight not only while I am alive, but also after I die.

임시정부를 옮기다

뭐가 생기는 일이 아니다 무슨
명예가 생기는 일도 아니다 신나는 게임 같은 건
없다 웃고 시시덕거릴 일도 물론 없다
먹고 쓸 일용품조차 없이 꾸려온
임시정부를 꾸려온 도산은 체포되다

백범은 거액의 현상금이
목에 걸려 있다 현상금 육십만 원*,
홍구공원 의거 일에
미국 목사인 피치 집에 은거하던 임정 요인들은
급거 상해임정을 항주로 옮기다

---

* 1932년 현상금 60만원은 현재 화폐가치로는 약 300억 원 이상에 해당.
* 피치 : 조지 애슈모어 피치.
* 항주 : 대한민국임시정부는 1932년 4월 윤봉길 의거 이후 일제의 감시와 검거를 피해 상해를 떠나 항주에 도착하였다. 임시정부가 항주로 이전한 이후 처음으로 사용한 청사가 청태 제2여사였다. 이곳 32호실에 임시정부 군무장 김철金澈이 머물고 있었고, 임시정부 임시 국무위원회를 개최하기도 하였다. 현재는 인화로 22호로 지번이 바뀌었고, 청태 제2여사 자리에는 군영반점群英飯店이 자리 잡고 있다. 군영반점은 항주시 인민정부상업국 소속인 음식복무공사에 속한 국영여관 겸 음식점이다. 외부 모습은 원형이 많이 훼손되어 있지만, 안쪽에는 아직도 옛 모습이 남아 있다. 임시정부는 이곳 청태 제2여사에서 잠시 머물다가 湖邊村 23호로 이전하였다. 그러나 이전한 시기는 분명하지 않고 백범은 즉시 다시 가흥으로 임정을 옮긴다.

The Provisional Government Is Relocated

I don't expect anything in return. I'm not
looking for respect. It is not as exciting
as a game. Of course, there's nothing to make you laugh and flirt with.

Dosan, the man in charge of the temporary government that is running out of food and necessities, has been arrested.

Bakbeom receives a 5.8 billion won bounty
on his head.
On the day of Hongkou Park bombing,
The key figures of the temporary government who are hiding in the home of American missionary Fitch
relocate Shanghai temporary government to Hangzhou in a hurry.

벽안碧眼의 은혜

*내가 집에 도착했을 때, 날은 여전히 밝았다. 만약 프랑스 조계경찰이 김구를 체포하는데 일본영사 경찰을 돕고 있다면, 한 사람이 네 명의 한국인과 함께 이 많은 교통 경찰관들을 뚫고 운전해 가는 것이 어떻게 보일까? 중국인처럼 옷을 입고 또 영락없이 중국인으로 보인 안공근 씨가 앞좌석 내 옆에 앉고, 우리 중 가장 키가 작은 엄항섭이 그 옆에 앉았다. 뒷좌석에는 내 아내가 김구 한 쪽 옆에 앉고 창백하고 키가 큰 박찬익이 반대쪽에 앉았다. 안공근 씨는 피치 여사가 동승하는 것이 특히 중요하다고 말했다. 그가 표현했듯이 "미국인 여성이 차에 타면 의심을 일으키지 않을 것"이기 때문이었다. 우리가 페탱가를 빠져나와 수자후 이천으로 차를 몰아 이 천을 따라 난 길로 동쪽으로 가다가 한 인도교에 도달했다. 이 다리를 넘으면 중국영토였다. 우리 차는 이 지점을 넘을 수 없었지만 우리 친구들은 넘을 수 있었다. 하천에 있는 한 두 척의 삼판선, 한 두 대의 인력거와 몇 명의 중국인 보행자를 제외하고는 아무도 눈에 띄지 않았다. 네 사람은 차에서 살그머니 나와 각자 가방이나 짐 꾸러미를 들고 아무 작별 의례도 없이 뒤돌아보지도 않고 아치 모양의 다리를 건너갔다. 그러는 동안 나는 그들이 중국 영토 -프랑스나 일본에 의한 체포로부터 아주 안전한- 로 걸어 들어갈 때까지 차에서 아내와 함께 기다렸다. 나는 아직도 내 마음의 눈으로 애국자였던 네 사람의 등이 멀리 사라져가는 모습을 본다.

침묵으로 오월의 해가 기울고
네 사람의 등줄기가 침묵 속으로 들어가고 있다
잡히면 몰살당하는 생명을 보듬고
오월, 곧 유월에 닿을 어둠이
조지 피치 목사 내외의 근심어린 시선을 사루며
침묵으로 견딘 28일간의 도피처,
피치목사 집을 떠나서
차를 타고 달려와 경계를 넘어 중국에 들어서고 있다
절체절명의 목숨 줄, 의인 넷을 살려낸 그 큰 은혜를 펼친
벽안의 두 사람, 피치 목사 내외

*『조지 피치와 대한민국』, 김구재단, 2018, p.18에서 인용. 김구, 안공근, 박찬익, 엄항섭, 네 사람이 홍구공원 의거 이후 숨어 있던 피치 목사 집을 떠나는 장면을 쓰고 있다.

The Favor of the Blue-eyed Westerners

The May sun set in silence.
Four people's backsides are going into the silence.
Embracing the people who will be killed if apprehended,
Mr. and Mrs. Fitch are worried
in the dark of May and coming June.
After a 28-day refuge in unease
at missionary Fitch's house,
they flee in a car to another part of China.
Mr and Mrs Fitch, the blue-eyed westerners
save the lives of four righteous men in a life-threatening situation.

제4장

가을밤의 적요
Solitary, Serene Autumn Nights

결석
- 윤종尹倧 울음을 감싸며 어머니 배씨의 노래

시방 덕산천 상류는 포로로 붙잡혀 있다
시간을 멈춰놓고 흐름을 멈춘 지 오래다

어디로든흘러가려고몸부림치지만사방은오래전에어둠이라
어디로든흘러가려고몸부림치지만사방은오래전에어둠이라

암흑에 막혀 갈 길 없어, 길 없는 길이
내 길, 네 길 없이 몽땅 신열에 몸서리치다
일제포로라는 중증 병환을 치러내는
시량리 솔숲이 너의 요람, 솔숲 소나무를 배우라

네가그어디로든흘러가려고몸부림치지만사방은오래전에암흑이라
암담하고암울하며암흙으로둘러싸인견고한장벽에갇힌암흑이라

홀가분해질 때까지, 어린 네 속 보살펴라
소나무 부둥켜안고 실컷 울다보면 아가
분 풀어지고 이겨낼 날이 올 것이다, 아가

* 윤종尹倧 : 매헌은 안순, 종, 담, 3남매를 낳았으나 안순과 담은 각각 안질과 복막염으로 죽고, 장남 윤종이 살아남은 매헌의 유일한 혈육이다. 덕산공립보통학교를 다니던 윤종은 모친 고 배용순 여사의 증언에 의하면 학교에서 선생들의 '너희 아비는 나라에서 최고가는 역적이다'라는 말에 혼자 울면서 오길 반복하였다고 한다. 윤종(1929~1985)은 모친 배용순 여사보다 3년 일찍 타계하였고 장녀 윤주경과 장자 윤주웅 등 7남매를 두다.

Absence
- Mother Bae Sings to comfort Yoon Jong's Cry

The upper region of Deoksancheon Stream is a captive prisoner.
It's been a long time since time was frozen and the water flow stopped.

It tries desperately to get anywhere, but it's been dark for a long time.
It tries desperately to run somewhere, but it's been dark for a long time.

There's no way to go in the dark. The path without a track.
Each path is shivering from fever.
Your cradle is the pine forest of Siryang-ri, which is battling a serious disease
known as Japanese prisoners. In the pine forest, learn from the pine tree.

It tries desperately to get anywhere, but it's been dark for a long time.
The darkness is gloomy and hopeless, surrounded by dark solid walls.

Until you are carefree, take care of your little self.
Sweet, if you cry a lot while holding a pine tree,
you will feel relieved and be able to get over everything.

미리내
- 매헌이 보낸 1932년의 여름

암흑이다, 아무 것도 보이지 않는
암흑은 어디서나 숨 쉬며
시량리 지나쳐 상해 옥사의
키 작은 나뭇잎 쓸며 어디로 가고 있는 것일까

어둡다, 너무 어둡다
기억해두라, 나는 어둡다
나는 늘 이런 어둠에 갇혀 있는 중이다

덥수룩한 수염과 머리칼도
비쩍 마른 몸에 달라붙는 대낮도
어둡다,
나는 어둠을 데리고 사는

암흑이다, 아무 것도 보이지 않는

The Milky Way
- Maeheon's Summer in 1932

It's dark. Nothing is visible.
Darkness, which breathes all around,
passes through Siryang-ri on its way to Shanghai prison.
Where is it going as it sweeps the leaves of the short tree?

It's dark. It is so dark.
Remember, I'm the dark.
I'm always stuck in the dark like this.

My shaggy beard and hair,
as well as the sunlight that sticks to my skinny body,
are all dark.
I'm darkness

who lives with darkness, where you can't see anything.

가을밤의 적요
- 매헌이 보낸 1932년의 가을

하루를 백년이라 이름한다
내가 명명한 나의 이름이기도 하다

반드시 오래 살아야만,
고종명考終命하여야
백 년에 필적할 인생을 사는가

소슬한 가을바람이 우주,
나를 데리고 갈 하루,

오늘이 백 년이고 생명의 본생이라

어둠을 빛이라 이름한다
죽음을 영생이라 이름한다

내가 명명한 나의 이름이기도 하다

Solitary, Serene Autumn Nights
- Maeheon's Autumn in 1932

Let's say a day is a hundred years.
A day is like that for me.

Only after you've lived a long time,
only after you've lived up to your life expectancy comfortably,
can you make significant life achievements?

The bleak autumn breeze is the universe,
and a day to take me with it.

Today is a hundred years and a life's past life.

Let's say the dark is light,
and death is eternal life.

This is how things are for me.

우편 수송선
- 매헌, 오사카로 이송되다

모태母胎의 항로를 찾아
태어난 대지로 돌아갈 시원의 파도를 보느냐

헌병들이 두세 겹 에워싸며 포승줄 묶어 수갑 채웠으나 대양大洋이 다 얽매임 없는 동해바다 푸른 물살이 바싹 마른 등 동그리고 자꾸만 일어서려는 사내에게 귀청 터지라 큰소리로 자유라 외치고 있다 무단으로 내 집을 빼앗은 강도떼에 의하여 온갖 폭행과 구타를 당한 채 강제로 끌려가는 집주인이 동해바다 파도에 일렁이는 의문부호를 던질 때 어미고래의 부레에 매달려 수영하는 갓 난 고래 새끼와 함께 한 무리의 고래 떼가 물살을 가르며 선미船尾에서 지나가면서 가파른 물살에 자유를 새겨 넣고 있다

이름을 묻지 말거라
수인번호 부르지 말거라

출렁거리는 파도집 짓고
수암산 자락마다
라일락 숭어리 목숨이

어두워져가는 일식日蝕의 처음을 세워 힘차게
나는 갈 것이다

나는 대한의 태극기니라

* 우편 수송선 : 대양환大洋丸. 다이요마루이다. 우편 수송선이다. 이 배를 타고 매헌은 수갑을 찬 채 일본헌병들의 삼엄한 경비 속에서 1932년 4월 29일 체포된 이래, 1932년 11월 18일 이 날 상해를 떠나 1932년 11월 20일 오전 4시에 일본 고베神戶항에 도착, 고베항에서 쾌속정을 타고 오사카로 이송되다.

A Mail Boat
- Maeheon is Transferred to Osaka

Do you see the sea in the beginning, returning to the land where it was born
in search of a course in the matrix?

Don't ask for my name.
Don't call out my prisoner number.

I will build a floating house on the wave,
and move forward
with the lives of lilac and gray mullet

on the outskirts of Mt. Suamsan,
while retracing solar eclipse darkening.

I'm the Taegeukgi of Korea.

고베항

단풍 든 가지 걸린
일본 항구의 불빛들아 보거라

눈 똑바로 뜨고 보거라

내 몸을 빠져나갈
모든 목숨도 달려가야 할
목숨의 동마루 보거라

늘 푸른 수암산의 그 깃발

목숨의 닻을 내려야 하는 순간, 죽음을 알리는 검은 뱃고동소리에 일본 열도가 들썩일 때, 매헌을 싣고 대양을 건너온 배가 새벽 네 시 무렵에 고베항에 정박하고 여기에서 대양호에서 내린 매헌은 쾌속정에 탑승하여 홍구공원에서 척살한 시라카와 대장이 사단장을 지낸 오사카大阪에 도착, 오후 5시에 도요토미 히데요시가 건립한 오사카성 천수각이 보이는 오사카 위수 형무소, 미결감 중앙의 독방에 수감하다. 목숨이 붙어 있는 한 시라카와의 어두컴컴한 그늘에 묶어두려는 살모사의 흉계는 그러나 목숨을 건사할 소량의 시간만 남아 있을 뿐이어서 매헌은 조금도 동요하지 않고 냉소를 머금은 채 달포 정도의 밤낮을 오사카 위수 형무소와 동행하다

* 고베항神戸港 : 효고현 고베시에 위치한 항구이다. 일본 항만법에서 국제 전략 항만으로 지정되어 있다. 1868년1월1일 개항한 일본의 주요 국제 무역항이며 일본 3대 여객항구 중 하나이다.

Kobe Port

Hanging on the branches with fall leaves,
Lights of the Japanese port, look.

Look with your eyes wide open.

Every Life that will get out
of my body, look at Dongmaru of life
where you have to run.

The ever-vibrant flag of Mt. Suamsan.

결전을 앞두고
- 오사카현에서 가나자와현으로 이송되다

발뒤꿈치에서부터숫구쳐오르는뜨거운기운이
불덩이안고배꼽단전을무진장달구어타오른다
진구렁텅이에빠질수록진신의세포가뻗어간다
싸울것이다싸우고싸우며무한정또싸울것이다
싸울것이다싸우고싸우며무한정또싸울것이다

* 1932년 12월 17일, 오사카에서 가나자와金澤로 압송되다. 여기에서 매헌은 생애 마지막 하룻밤을 자다.

Prior to a Decisive Battle
- Maeheon Is Transferred from Osaka to Kanazawa

The hot energy that rises from the heels
heats up the lower abdomen with the hot fever.
As I fall into the mud pit, my body's cells stretch out more.
I will keep fighting. I intend to fight until the end of time.
I am going to fight again and again. I will fight endlessly.

꿈 마중
- 가나자와 옥사에 찾아온 안순安淳을 만나다

갓난아이에 지나지 않는 네가
이 먼 나라에까지 어찌 왔더란 말이냐
아비가 죽을 줄 미리 알고 아가,
아가, 꿈마중 왔단 말이냐
시들어버린 국화꽃 대궁 고요와
너 있는 저승으로 가마
이제 가야 할 시간, 네 옆으로 가마
미소 지으며 반기는 네게 가마

Meeting in a Dream
- Meet Ahn Soon, Who Came to Kanazawa Prison

How did you, just a baby,
come all the way to this country?
Sweety, did you come out in my dream to meet me
because you knew your father was going to die?
With the serenity of a withered chrysanthemum stalk,
I'll go to the afterlife where you are.
It's time to go. I'll meet you there.
I'll come to you who greet me with a smile.

부용화
- 가나자와 감옥에서 아내, 배용순을 꿈에 보다

나는 늘 섬뜩합니다, 가슴 아려와
순식간에 정신 잃은 듯 멍해지곤 합니다,
어디에서, 그 어디에서 재회하나
낯선 이국 땅 허름한 객주방에서 거기, 도중도 집을 가곤 합니다
연로하신 부모님을 가까이 모시고
밤새 울다가 잠시 눈 붙인
따스한 품, 코에 익은 냄새가 가슴 적셔 옵니다

나는 늘 섬뜩합니다, 가슴 아려와
사실인즉 고백하지 못하는 고백을 하자면 도로
도로 거기, 고향 땅 시량리로 한걸음에 내달려 뛰어가고 싶습니다
갓난아이와 이제 걸음마 뗀 아이를 안고
시량리 돌 하나, 흙 한 줌, 풀 한 포기의 마음,
꼭 껴안고 통곡하는 저승의
마음 밭 길가에 부용화 피어 있습니다

Confederate Rose
- Maeheon Dreams of His Wife Bae Yong-soon in Kanazawa Prison

I am always horrified. When my heart aches,
I am often absent-minded in an instant.
Where can we meet again?
I often pop over to my home of Dojoongdo in a shabby inn.
My wife, who cares for my elderly parents,
has fallen asleep after crying all night.
Her warm arms and familiar smell break my heart.

I feel always horrified. To tell you the truth,
when my heart aches, if I reveal my secret,
I want to dash back to my home in Siryang-ri,
where she has a newborn baby and a baby who has just started walking.
One confederate rose wails
by the mind's field in afterlife,
clutching a stone, a handful of soil, a clump of grass of Siryang-ri.

십이월의 시량리

온몸 옥죄어 오는
가나자와 헌병대 감옥에서 만나는
핏줄,
새록새록 핏줄들 잠든
눈 오시려나
우중충한 하늘이 내려앉은
훤히 보인다
나 태어나고 뛰어놀던
내 고향
십이월의 시량리

Siryang-ri in December

In coking military police prison
of Kanazawa, my snookums,
who are slet eping soundly,
keep popping into my mind.
Is it going to snow?
The gloomy sky appears nearby.
I can vividly recall
my hometown
Siryang-ri in December
where I was born and frolicked.

일본 가나자와 교외 육군공병대 사형장에서의 매헌

들으라,
나는 나를 찾는 첩경이 자유였노라
나의 자유는 내 조국의 자유였노라

들으라,
나는 투쟁만이 그 길이라 믿었노라
나의 투쟁이 내 조국의 길이었노라

들으라,
내 고향 가족을 하늘에 의탁하노라
내 조국의 독립도 그에 의탁하노라

들으라,
지상의 내 할일은 이로써 족하노라
원래의 내 몸 본생으로 현현할지라

Maeheon at the Army Engineer Corps Execution Site in the Kanazawa Suburbs, Japan

Listen.

My freedom was to find the quickest way to get to myself.

My freedom was the freedom of my country.

Listen.

I was convinced that my struggle was the only way to achieve freedom.

My struggle was the only way my country could survive.

Listen.

I beg God to protect my family.

I beseech God to also help my country's independence.

Listen.

I've already accomplished a lot in my life.

In my original life, I will manifest myself.

순절殉節의 씨앗

*그대들은 나를 재판할 자격이 없다. 또 무슨 권한과 근거로 나에게 극형을 구형하는지 알지 못하겠다. 나는 대한의 전사로서 일본군에 대하여 독립전쟁을 전개한 것이다. 이제 그대들이 내 목숨을 거두게 한다할지라도 내 독립정신은 죽이지 못할 것이다. 나의 순절의 씨앗은 머지않아 움이 돋아나 꽃을 피울 것이며 나는 그러한 역사의 전개를 굳게 믿으면서 일본 제국주의가 쇠망하는 날까지 지하에서 계속 싸우려 한다.

오발탄 쏘아 올리지 말라
쏘려면 정조준하여 나를 명중시키라

나의 맹아는 죽지 않는다
나는 죽을수록 신명난다

혁명은 나의 무한한 열망, 나는 죽음으로부터 시작될 것이다

최후진술이 뭐 별거냐
나는 혁명이다
내가 곧 혁명 그 자체이다

천만 번 죽음을 택하여
조국의 독립을 쟁취할 것이다
눈곱만큼도 동정 말라

나의 무덤은 없을지라도
주검의 씨앗은 싹틀 것이다

* 매헌의 최후진술에서 인용.

The Seeds of Patriotic Martyrs

Don't waste your bullets.
When you shoot, aim for me and hit hard.

My sprout will not perish.
The more I die, the more ecstatic I become.

The revolution represents my infinite aspirations, and I will begin with death.

The final testimony is unimportant.
I am a revolutionary.
I'm the revolution itself.

I will choose to die 10 million times
to achieve my country's independence.
Don't feel sorry for me at all.

Even if no tomb exists for me,
the seeds of the dead will sprout.

계단

자기 스스로 올라가는
층계가 있지

앞으로 한 발자국씩 내디디면서 올라가는
나이테의 피땀이 있지

누구나 자신의 탯줄을 밟으며
상처, 그리고 울음의 딱지를 혼자 갈무리하면서 올라가는
가슴 문드러지도록 참고 참으면서 혼자 우는
눈물심방이 있지

생, 한살이 생의 계절을 다 지나고 나서
눈에 보이지 않는 유적,

혼으로만 다져진 계단이 있지

Stairs

There are some stairs
where you have to climb on your own.

There's blood and sweat on tree rings
where you take one step at a time.

There's a room for tears
where you sort your own wounds and scabs of tears,
stepping on your umbilical cord,
where you cry alone, enduring everything.

The relic was visible
only after ephemeral life.

There are stairs that made from the soul.

시량리의 탄식
- 시량리 어머니, 김원상의 애원

*고향에 계신 부모형제 동포여, 더 살고 싶은 것이 인정입니다. 그러나 죽음을 택해야 할 오직 한 번의 가장 좋은 기회를 포착 했습니다. 백년을 살기 보다 조국의 영광을 시키는 기회를 택했습니다. 안녕히, 안녕히들 계십시오.

갓 스물다섯의 젊은이,
봉길아, 너는 아직 아이다
죽지 말거라
조국이든 고국이든 외국이든 물속이든
살아 있어야 한다
봉길아, 죽지 말거라
너 가면 내 삶은 없다
천지 간 회자되는 천자문이며 제자백가의 사상이 다 무슨 소용이란 말이냐
죽으면 안 된다
겨우 걷고 기는 종과 담이
스물여섯 살 네 처를
네가 죽으면 누가 거둬 줄 것이냐
너는 문중의 장손,
아가, 죽지 말거라
무릎 꿇고 간청하며
천지신명께 빌고 빌으마

* 매헌이 쓴 유서, 「동포들에게 보내는 글」에서 인용

Sign of Siryang-ri
- The Pleading of His Mother Kim Won-sang in Siryangli

A young man of only 25 years old.

Bong-gil, you are still a child.

Don't die

for the causes

like my country, my home country, a foreign country, or the ocean.

Don't let yourself perish. Bong-gil.

My life will end if you die.

What are the use of the Thousand-Character Text, and the Hundred Schools of Thought?

Don't perish.

Who will look after your 26-year-old wife

and Jong and Dam who are starting to walk or crawl?

You're the family's eldest son,

Honey, don't die.

Kneeling, I will pray for you

to all the gods of heaven and earth.

짧은 공명共鳴
- 1932. 12. 19. 일의 일본 이시카와현 미고우시 육군공병작업장

사형장에서 물었다
"마지막으로 남길 말은 없는가?"

매헌은 담담히 대답하다

"사형은 이미 각오했으므로 하등 말할 바 없다."

동짓달의 아침 일곱 시,
어두컴컴한 가나자와 하늘은 흐렸다
대답이 끝나자마자
대기 중이던 일본 사수,
땅바닥에 엎드린 사수 두 명이 총을 쏘다

지극히 짧게 총소리 울리고
미래, 그 영원으로

청년 시인 매헌 의기가
푸르게 짙푸르게
그치질 않고 퍼져나갔다

* https://m.blog.naver.com/PostView.naver?isHttpsRedirect=true&blogId=hyung9
  624&l ogNo=221603431987

Brief Resonance

- At the Army Engineering Workshop in Migou-si, Ishikawa, Japan on December 19, 1932

Maeheon was asked on the death row.
"Do you have any last words?"

He responds calmly.
"I don't have anything to say because I was ready to die long ago."

At 7 a.m. in December,
the dark Kanazawa sky was cloudy.
As soon as the answer was over,
two Japanese shooters waiting
shoot lying down on the ground.

The sound of gunfire has a very brief reverberation.
Into the future, into the eternity.

the spirit of Maeheon, a young poet,
continues to reverberate
strongly and vibrantly.

멍석 위 인사말
- 매헌, 가나자와에서 순국하기 직전의 인사말

잠시 마실 나갔다가
금방 되돌아올 평상복 차림으로
집 나설 것이니
아무런 걱정하지 마오,
나야 가지만 설마하니
산 사람 입에 거미줄 치겠소 대한의 강토여
내 고향 시량리여
어린 종과 담을 뉘일
그리운 아내여
곧 다시 보오, 안녕, 안녕히

* 멍석 : 매헌 윤봉길, 1932년 12월 19일 오전 7시 40분. 그의 나이 스물다섯 살. 가나자와 육군 작업장 서북쪽 골짜기에 설치된 사형 집행장에서 십자가 형틀 앞 멍석 위에서 총살형으로 순국하다.

Words on the Straw Mat
- Maeheon's Last Words Before Execution in Kanazawa

I will leave the house
in casual clothes
as if I'm going to see a neighbor and return immediately.
Don't worry about anything.
Without me, you will manage to get by somehow.
My country Korea.
My hometown Siryang-ri.
My lovely wife
who will look after my little children Jong and Dam.
See you soon. Bye, good bye.

백치의 백야白夜
- 배용순, 남편 윤봉길의 처형 소식을 듣고

숨을 쉬고는 있지만
응고된 날숨과 들숨의 결정체들이 집 앞
잎 진 매화나무를 때리고 있다
꿈 아닌가,
진정 이건 꿈 아닌가,
도저히 믿을 수 없는 기별에 넋 잃고
숨 쉬지만 백치,
천지는 온통 백야,
종梽, 담淡이 크는 고향 시량리 집으로 안 오시면
어디로 가신단 말인가
나는 기다릴 테다
매화꽃이 천만번 져도
넋 잃고 묵묵히
낮이나 밤이나
죽자사자 문밖을 쳐다볼 테다

* 남편은 그날(1932.12.19.) 새벽 일곱 시 반에 처형을 당한 것이다. 나는 고개 떨구고 잠자코 앉아 있었다. 달리 내가 할 일이 생각나지 않았기 때문이다. 눈물이라도 나와 주었으면 좋으련만 오히려 눈동자의 물기가 마르는지 눈알이 뻑뻑했다. 나는 몇 번이고 '남편'과 '죽음'을 이어보려고 했는데 도무지 그렇게 되질 않았다. 살아서 나간 사람을 어떻게 보지도 않고 죽었다고 믿으란 말인가… (『털어놓고 하는 말』,《뿌리 깊은 나무》, 1978발행. p.187에서 인용)

Fool's White Night
- Bae Yong-soon Learns of the Execution of Her Husband, YoonBong-gil

I'm breathing,
but the crystals of solidified exhalation and inhalation are
crashing against the leafless apricot tree in front of the house.
Isn't this just a dream?
I'm pretty sure it's a dream.
Told the unbelievable news, I went completely blank.
I'm a living fool.
The world is all white night. Where are you going
without coming to your Siryang-ri hometown where your kids Jong and Dam live?
  I will wait for you
until flowers on the apricot trees fall 10 million times.
Without thinking,
I will look out the gate
in silence day and night.

암장

매헌의 대명사는 두 단어, 암흑과 암장이다
상해와 오사카 옥사도 물기 흐르는 산 암장이다
캄캄하여 아무 것도 볼 수 없는데다
홀로 사색조차 못하다
물 뿌려 습기로 음습한 감방을 만들었다
손톱 뽑고 손가락 절단하는 모진 고문으로 부족하다
잠 잘 수 없는 환경에
설령 누워 잠들어도 습기에 몸을 떨어야하는
생지옥으로 옥사를 감시하다
총으로 이마 정중앙을 관통시켜 절명시킨 후,
미리 장례를 치룰 장소로
사람들이 다니는 길 한복판을 삽으로 파낸 구덩이에
포승줄에 묶인 그대로 무슨 물건처럼
발길로 밀쳐 넣어 암장하였다
의거 이후, 해맑은 청년
매헌이 버텨낸 일은 혹독한 고문과 습기,
어두컴컴한 어둠으로 사육하다가
도로 한 가운데 구덩이를 파고 암장 당하다

* 암장暗葬 : 매헌은 1932년 4월 29일 홍구공원 의거 이후에, 1932년 5월 25일 상해파견 일본군법회의에서 사형을 선고 받고 1932년 11월 18일 일제 우편수송선인 〈대양환〉으로 일본 오사카로 후송되어 20일 오사카 육군형무소에 수감되었다. 여기서 1932년 12월 18일 가나자와 육군구금소로 이감되었다가 1932년 12월 19일, 가나자와에서 총살당했다. 1932년 12월 19일 새벽 7시 27분 일본 이시카와 현 가나자와 시미쓰 코지야마 서북골짜기에서 형틀에 묶인 윤봉길은 미간에 총알을 맞고 13분 뒤에 숨졌다. 시신은 아무렇게나 수습돼 가나자와 노다산 공동묘지 관리소로 가는 길에 표식도 없이 매장되었다. 사형 집행 전에 미리 파 놓은 2미터 깊이의 구덩이에 시신을 봉분도 없이 평평하게 묻어 사람들이 밟고 지나가도록 했다. 윤봉길 의사가 수뇌부를 섬멸시킨 데 대한 일제 군부의 복수와 대우였다.

Secret Burial

Two words representing Maeheon are darkness and secret burial.
The prisons in Shanghai and Osaka were in the form of a dark, damp mountain.
Nothing could be seen in the dar,k,
and there was no way to meditate alone.
To create a humid prison, water was sprayed.
The agony of having his nails pulled out and fingers amputated wasn't the only thing he endured.
They made the cell a living hell, making it difficult to sleep
and causing him to tremble with moisture when he lay down.
After being shot in the center of his forehead by a firing squad,
like an object, tied to a rope,
Maeheon's body was kicked and put in a pit dug with a shovel
secretly in the middle of the road,
which had been prepared ahead of time.
After his throwing a bomb, Maeheon,
a bright young man, was subjected to severe torture and moisture.
After being bred in darkness,
he was buried in secret in the middle of a road.

철권鐵拳

삽날 벼려 평생을 사신
부조父祖가 놓지 않은
끈을 붙잡고

꼭 부여잡고
'철권도 무덤에서는 쓸 일이 없다'*

철권으로 붙잡은
옥고獄苦에 멍든 채

떳장 일구며
구두 신고 누운 뼈 삽질

* 매헌이 백범 김구에게 전달한 글월과 일본군 옥중의 신문조서에 남긴 말씀.

Iron Fists

He holds onto the string
that his grandfather and father
who spent their entire lives forging the edge of a shovel

held onto.

"In a tomb, even iron fists are useless."

His iron fists,
bruised by the hardships of prison,

shovel the bones
that lie down in shoes, tending turf.

윤봉길 의사의 피를 빨아먹고 살다*
- 나이 오십에 종아리 맞던 김구*

매헌의 홍구공원 의거가 발발하자 마침내 중국 대륙을 이끄는 장개석 총통이 임시정부를 인정하다 상해 임시정부가 세계 각국으로부터는 물론 중국에서조차 주목받지 못한 채 시들어가고 있던 순간 임시정부를 되살려내고 이천만 동포의 독립의기와 기상을 일깨운 요체가 홍구공원 매헌 의거의 영향력이다 홍구공원 의거 이후부터 임시정부는 활력을 되찾고 일제치하에서의 이천만 조선 동포들은 가슴을 쓸며 후련해하면서 조선독립의 날을 희망하기 시작하다 훗날 대한민국의 초대 대통령 이승만은 당초 매헌 의거를 비평하던 말, "이런(의거) 행동은 어리석은 짓이며, 일본의 선전내용만 강화 시켜줄 뿐 한국의 독립을 가져다주지 못할 것이다."라던 말을 번복하여 말 하길, 1943년 카이로 회담에서 장개석이 한국의 독립을 제안하고 그 선언 문에 명문화한 원인은 윤봉길 의거에 있다고 평가하다 임시정부 요인들과 특히 백범이 숨어 지내던 그 시절, 백범 어머니는 단호했다

    백범은 백범, 백범의 모친은 조선호랑이
    백범 나이 오십 줄에도 어머니 앞에 종아리를 걷었다
    종아리 걷고 모친의 회초리를 받아냈다
    매헌, 그 젊은이 피 흘린 터전에서 살아가고 있잖느냐
    조선독립이 일상이자 호흡이며 생명이다
    조금치라도 안일에 빠지면 이 회초리 맞는다
    백범 모친은 호되게 백범을 나무라며 종아리를 때리다
    백범이 임정의 국무령에 이르자 그쳤지만
    '윤봉길의 피를 빨아 먹고 살아가고 있다'

백범의 모친, 조선호랑이 백범의 모친은 근엄한 표정으로
젊어 피 흘리고 산화한 매헌의 의거,
자나 깨나 매헌의 의거를 새기며 살았다

* 백범 김구의 모친, 곽낙원의 말.
* 백범 김구의 아들, 김신의 인터뷰 내용에서 인용.
 - 아버지에 대한 기억은요?
"열세 살인가 처음 봤지. 알아보지 못했어. 아버진 신변이 항상 위험해 못 보고 살았으니 익숙지 못하잖아. 좀 뚱뚱하고 시커멓고 곰보가 있고, 예쁘장스럽지 않은 얼굴이라…. 아버지랑 한집에서 오래 살았던 건 1947년 내가 공군 비행훈련 다 끝내고 한국에 돌아와 경교장에 있을 때 2년 동안이었어. 내 나이 스물일곱에 평생 처음으로 겸상을 했는데 꿈인가 생시인가 그랬지."
 - 할머님은 어떤 분이었나요?.
"아버님이 중국 창사에서 총 맞고는(1938년 후난성 창사 남목청에서 지청천 등과 회합을 갖고 민족주의 진영 3당의 통합 문제로 논의하던 중 조선혁명당 당원 이운한의 총격을 받은 일) 종잇장 한 장 차이로 살았어. 그때 할머님이 아버님을 향해 '무슨 놈이 어찌 동지한테 총을 맞아. 일본 놈한테 맞아야지'라고 꾸지람했어. 또 할머니 생신 때 주변에서 비단옷에 음식을 해왔는데, '우리가 지금 윤봉길 의사 피를 빨아먹고 살고 있는데 이게 무슨 짓이야' 하면서 다 집어던졌다고. 아버지가 나이 오십이 다 돼서 종아리 맞고 그랬어."
 - 종아리를요?
"아버님께서 '남들은 부모님 모시고 생일도 하는데, 어머님은 고생만 하신다.'며 눈물을 보였어. 아버님 마음이 흔들리는 듯싶으니까 '종아리 걷어' 하신 거야. 그걸 때마침 찾아온 안중근 의사 어머님이 보시곤 '나이가 오십인데도 맞으니 젊었을 때는 얼마나 맞았습니까?' 했더니 아버지가 '글쎄요. 기록을 안 해놔서'라며 허허 웃으셨다는 거지."(백범 김구의 아들, 김신 장군〈전 공군참모총장〉이 2013년 출간한 자신의 회고록 『조국의 하늘에서 날다』를 출간한 이듬해인 2014년의 인터뷰 중 인용)

We Survive on the Blood of Patriot Yoon Bong-gil
- Kim Gu, Who Go Was Hit by Calves at the Age of 50

Baekbeom was a white tiger, and his mother a Joseon tiger.
Even at the age of 50, Baekbeom rolled his pants up
and was caned on the calves by his mother.
We survive on the young man Maeheon's blood.
Joseon Independence is a part of our daily lives, breathing, and life.
If you forget your original intention, you'll be caned.
 His mother reprimanded him by slapping his calves.
She didn't stop canning until he became the provisional government's premier.
"We live off the blood of Yoon Bong-gil."
Joseon tiger, Baekbeom's mother, took
young Maeheon's death for the country very seriously.
She never forgot Maeheon's patriotic act for a second.

매헌의 유해 찾다
- 박열, 마침내 매헌 유해를 찾다

잠든 순간에도 으레 눈 감지 못하고
잠 자는 순간에도 결코 눈 감지 못하였다, 살아 있는
순간에도 살아 있는 것이 아니다

죽음을 고대하였으나 쉽사리 죽음이 찾아오지 않았다

늘 갈증에 시달렸으나
마실 물조차 없는 동토에서 명줄은 끈질기게
갓 스물두 살에 포기해버린 호흡 역시 기차게 견뎌주다

오로지 죽음을 기다린 저승의
활달한 몸으로 땅 밟고 사는 자유,
참 자유를 누린다는 것은
실로 단 한 번도 생각해보지 못하고

22년 2개월이란 감옥살이를 견뎌내고 백범의 애절한 부탁을 수용,

마침내 어렵게 3의사 유해를 찾아낸
조국 대한민국의 품으로 송환시킨 박열 의사

* 박열(朴烈, 1902.3.12.~1974.1.17)은 한국의 독립운동가이다. 본관은 함양咸陽. 본명은 박준식朴準植 간토 대지진 직후 대역사건 중 하나인 히로히토 왕세자 암살미수 사건으로 회자되는 아내 가네코 후미코와 함께 박열 사건의 주모자로 갓 스물두 살에 일경에 체포된 후 1945년까지 22년 2개월간 투옥 후 일본 항복 당시에 미군에 의하여 일본에서 출소하다. 해방 이후 김구를 만나서 김구의 부탁으로 이봉창, 윤봉길, 백정기 의사의 유해발굴송환위원장을 맡은 박열은 재일동포들과 헌신적인 노력으로 1946년 3월 6일 사형장에서 남쪽으로 3㎞ 떨어진 가나자 와시 노다산 시영공동묘지 북측 통행로에서 윤봉길의 유해를 발굴하였다. 그 이후 성공리에 3의사의 유해를 발굴, 대한민국에 송환하였다. 그 이후 박열은 일본에서 결성된 한국인 교민단체인 재일본조선거류민단의 초대 단장(1946.10~1949.4)을 지냈다. 한국어, 일어, 영어에 능통하였으며 독립운동가일 뿐만 아니라 정치가, 시인, 저술가이기도 하다. 배우자로는 일본 여성이었던 가네코 후미코가 일본 감옥에서 자결한 이후에 출소하여 재혼한 장의숙과의 사이에서 아들 박영일, 딸 박경희를 두었다. 6·25 동란 시 납북당하여 이북에서 72세의 나이로 운명하다. 그의 사후死後 대한민국 정부는 박열 의사에게 1990년 대한민국 건국훈장 대통령장을 수훈하였다.

* 3의사 : 이봉창, 윤봉길, 백정기.

Find Maeheon's Remains
- Park Yeol Finally Finds Maeheon's Remains

Even when he fell asleep, the man couldn't close his eyes.
Even when he slept, he could never close his eyes. He was alive but not alive.

The man desired to die, but death was not easy to come by.
Life persisted even in the frozen land where there was no water to drink.
The breath he threw away at the age of 22 was tenacious.

The man lived as a vibrant afterlife body,
only waiting for death.
He had never given much thought to enjoying
true freedom.

After 22 years and 2 months in prison, he complied with Baekbeom's earnest request

to find the remains of three patriots. Patriot Park Yeol was the one who eventually repatriated them to their homeland.

시게하라

수줍은 소녀 유두인가

봉긋하게 솟아오르는
동백꽃 봉오리마다
그 겨울 미명의 시간 무렵
동백꽃 피우는 사내

그 초겨울 옥사獄舍
간수 입술에 동백꽃

시신 없던 사내를
알려준 사내, 그대로 하여
시신을 찾은 초봄도
시량리 '내건너'

영원으로 회귀하고 있다

* 시게하라 : 매헌 사형 당시에 일본군 간수. 매헌 유해 발굴 시에 이 사람이 매헌이 묻힌 시점을 고지해 주다.
* 내건너 : '도중도'라 이름 하기 이전의 명칭. '도중도'는 매헌이 명명함.

Shigehara

Is that the nipples of a shy girl?

Each camellia flower bud is
bulging slightly.
Before dawn in that winter,
a man makes camellia flowers bloom.

A prison in early winter.
Camellia flowers on the lips of a warder.

The man who informed
on the location of the hidden body. The early spring,
which discovered the body thanks to him,
is returning to Naegeonneo in Siryang-ri

of the eternity.

겨울 폭풍

나는 겨울 폭풍, 눈을 들어 하늘을 보라
새벽부터 새벽까지 눈을 들어 하늘을 보라

어둠이 오는 길목으로 아침도 오고
아침이 오는 길목으로 새 하늘이 열리고 있다

지기금지 원위대강至氣今至 願爲大降, 새 기운이 들어오고
나는 겨울 폭풍, 꿈을 들어 에덴을 본다

Winter Storm

I am the winter storm. Look up to the sky.
From dawn to dawn, look up to the sky.

The dark appears on the street where the morning arrives.
A new sky opens up from the street where the morning comes.

Gigigeumgi wonweedaegang. There will be a new spirit.
I am the winter storm. Eden appears in my dream.

서른여덟 살
- 매헌, 국민장으로 장례를 치루다

울었다
매헌은 하염없이 울었다
인산인해를 이룬 애도 인파 모두가 울었다

울었다
스물다섯 살에 운명하여
생존하였을 시
겨우 서른여덟의 장년, 매헌이 울었다

자유로운 조국에서
울었다

시량리 부모님, 처자, 도중도, 예산 고을,
가야산 수암산과
일흔 살에 이른 백범이 울고

대한민국 건국 이래 최초의 국민장,
국민장도 울었다

* 김구는 일본에 있던 박열에게 3의사(윤봉길, 이봉창, 백정기) 유해 발굴을 부탁하였다. 박열, 이강훈, 서상한 등은 1946년 3월 6일 사형장에서 남쪽으로 3km 떨어진 가나자와시 노다산 시영공동묘지 북측 통행로에서 윤봉길의 유해를 발굴, 같은 해 6월 16일 매헌의 친 아우인 윤남의에 의해 서울에 도착하여 3의사와 함께 6월 30일 국민장으로 안장되었으며 장지는 효창공원이다.

Thirty-eight Years Old
- Maeheon Was Given a National Funeral

Maeheon sobbed
He cried incessantly.
A large crowd of mourners wept as well.

Maeheon cried,
who passed away at the age of 25.
If he were still alive,
he would be 38 years old man. He sobbed.

He cried
in his newly independent country.

His parents in Siryang-ri, his wife and children, Dojoongdo, Yesan Village,
Mt Gayasan, Mt. Suamsan, and a 70-year-old Baekbeom all cried.

Since the foundation of the Republic of Korea,
the first national funeral also cried.

매헌 기념관

화톳불이 꺼지고
재만 남았다오, 재로 변한
내 뼛조각

아주 작은
따스한 행성도 되지 못하였나

양재역 눈보라에
휘날리는 내 혼,

겨울밤에 무한 떨던

* 1987년 윤 의사 의거 55주년을 기념하여 대한민국 국민의 성금을 모아 서울 서초구 양재동 '양재 시민의 숲'에 매헌 윤봉길 의사 기념관을 세웠다. 현재 '양재 시민의 숲'이며 역명은 '매헌역'이다.

Maeheon Memorial Hall

The bonfire was reduced
to ashes. My borns turned
to ashes.

They couldn't even be a very small
warm planet.

In the snowstorm at Yangjae station,
my soul flutters,

which shivered badly on a winter night.

정신의 씨앗

두어 그릇의 밥사발 깨끗이 다 먹고 나서
농촌 들일하고 난 뒤로도 밤 이슥토록

등잔불 밝혀 자정 넘도록 책 읽고 공부하였노라

서당 공부 마치고 예산 오가며 책을 구입,
밤새워 읽고 쓰며 이 앙다물고 신학문 익혔노라

새벽 정한수 떠놓고 제단을 쌓았고
내 몸 돌보고 가정 돌보며 마을을 돌보았노라

대치천 노곡천 흘러든 도중도 두물머리는
덕숭산 가야산 수암산 정기를 담아 흐르고
한 염원을 잉태하여 풍진 세상에 내보냈노라

나는 나를 밝히는 길을 반가이 맞이하여
어버이가 자유하고 이웃의 평안을 보았노라
일체의 모든 목숨은 제각각 제 길을 가고

나의 피를 조국의 제단에 바침이 나의 대업이라

생명의 힘, 그 강인한 운동력의 씨앗,
내 생을 오직 정신으로만 엮어 둥지 틀었노라

The Seed of the Spirits

After cleaning about two bowls of rice,
I went to work in the fields. Then, until late at night,

I lit up a lamplight to read a book and study.

I commuted from Yesan to Seodang to study. On the way, I bought
some books to read all night to comprehend new learning.

At dawn, I offered lustral water and built an altar.
I took after myself, my family, and my community.

Dojoongdo Dumulmeori, into which Daechicheon and Nogokcheon Streams flow, runs with the spirits of Mt. Suamsan, Mt. Gayasan, Mt. Deoksungsan.
It conceived a desire and threw him out into the world's troubles.

I was willing to choose a way to cheer myself up,
so I observed my parents being carefree and neighbors peaceful.
All lives go their own way.

My great work is to sacrifice my blood on the altar of my country.

The power of life, the seed of a strong move.
By weaving my life with my mind, I created a nest.